MARCO POLO

PERU BOLIVIEN

Reisen mit **Insider Tipps**

> Ich liebe das Gewaltige der Natur in diesen Ländern. Allein der Titicacasee ist wie ein Urmeer in einer Mondlandschaft, einfach grandios!
> ***MARCO POLO Autorin Gesine Froese***
> *(siehe S. 150)*

Spezielle News, Lesermeinungen und Angebote zu Peru/Bolivien:
www.marcopolo.de/peru-bolivien

PERU/BOLIVIEN

> SYMBOLE

Insider Tipp **MARCO POLO INSIDER-TIPPS**
Von unserer Autorin für Sie entdeckt

★ **MARCO POLO HIGHLIGHTS**
Alles, was Sie in Peru/Bolivien kennen sollten

SCHÖNE AUSSICHT

WLAN-HOTSPOT

▶▶ **HIER TRIFFT SICH DIE SZENE**

> PREISKATEGORIEN

HOTELS

€€€	über 90 Euro
€€	45–90 Euro
€	unter 45 Euro

Die Preise gelten für zwei Personen im Doppelbett

RESTAURANTS

€€€	über 10 Euro
€€	6–10 Euro
€	unter 6 Euro

Die Preise gelten für eine Hauptmahlzeit mit Vorspeise ohne Getränke (inkl. MwSt. und Service)

> KARTEN

[132 A1]	Seitenzahlen und Koordinaten für d Reiseatlas Peru ur Bolivien
[U A1]	Koordinaten für di Lima-Karte im hinteren Umschlac
[94/ 95 A1]	Koordinaten für di La Paz-Karte auf d Seiten 94/95
[0]	Objekte außerhalt des Kartenausschn

Zu Ihrer Orientierung sind auch die Orte mit Koordina ten versehen, die nicht im Reiseatlas eingetragen sin

INHALT

> SZENE

S. 12–15: Trends, Entdeckungen, Hotspots! Was wann wo in Peru und Bolivien los ist, verraten die MARCO POLO Szeneautoren vor Ort

> 24 STUNDEN

S. 112/113: Action pur und einmalige Erlebnisse in 24 Stunden! MARCO POLO hat für Sie einen außergewöhnlichen Tag in Lima zusammengestellt

> LOW BUDGET

Viel erleben für wenig Geld! Wo Sie zu kleinen Preisen etwas Besonderes genießen und tolle Schnäppchen machen können:

Poesie, Musik und Tanz zum Nulltarif S. 38 | Preisgünstige Menüs zum Sattwerden S. 57 | Für kleines Geld mit Vulkanblick übernachten S. 72 | Abstecher nach Brasilien mit dem billigen Sammeltaxi S. 88 | Kostenlose Stadtrundfahrt durch La Paz S. 105

> GUT ZU WISSEN

Was war wann? S. 10 | Das heilige Blatt S. 19 | Spezialitäten S. 26 | Bücher & Filme S. 40 | Nie allein ins Jenseits S. 50 | Blogs & Podcasts S. 53 | Der letzte Inka S. 55 | Gringa loca S. 78 | Disziplin, Strenge, Fleiß S. 83

AUF DEM TITEL

Abtauchen zu tierischen Begegnungen S. 12
Scharrbilder von Nazca S. 79

ENTDECKEN SIE PERU UND BOLIVIEN!

Unsere Top 15 führen Sie an die traumhaftesten Orte und zu den spannendsten Sehenswürdigkeiten

Die Highlights sind in der Karte auf dem hinteren Umschlag eingetragen

1 Museo de Oro y de Armas del Mundo
Im Goldmuseum von Lima wird die Gier der spanischen Eroberer von einst nachvollziehbar (Seite 35)

2 Ciudad Sagrada de Caral
Die „Heilige Stadt von Caral" ist die älteste Amerikas (Seite 40)

3 Museo Tumbas Reales de Sipán
Das großartige Museum in Lambayeque präsentiert die Moche-Kultur und Grabfunde des „Herrn von Sipán" (Seite 49)

4 Túcume
Die Reste von über 20 Pyramiden zeugen bei Lambayeque von einer großartigen Küstenkultur (Seite 50)

5 Chan Chan
Von der einst größten Stadt Südamerikas blieb am Rand von Trujillo ein Labyrinth von Mauern (Seite 58)

6 Cuzco
In der ehemaligen Inkametropole ist der alte Glanz noch allgegenwärtig (Seite 68)

7 Inka Trail
Legendäre Wanderstrecke: auf den Spuren der Inka nach Machu Picchu – ein Muss für Trekkingfans (Seite 74)

8 Machu Picchu
Die mystische Ruinenstadt in den Wolken ist der Höhepunkt jeder Peru-Reise (Seite 74)

> DIE BESTEN MARCO POLO HIGHLIGHTS

9 Die Linien von Nazca
Um die rätselhaften Scharrbilder im Wüstensand ranken sich viele Theorien (Seite 79)

10 Islas Flotantes
Originell und technisch meisterhaft: die schwimmenden Schilfinseln im Titicacasee (Seite 83)

11 Parque Nacional Manú
Wo Aras noch in Schwärmen auftauchen und die letzten Riesenotter in Lagunen tollen (Seite 88)

12 Tiwanaku
Die bedeutendste Ausgrabungsstätte Boliviens liegt ganz in der Nähe des Titicacasees (Seite 101)

13 Samaipata
Kult-Tour für Politfans: auf den Spuren des legendären Revolutionärs Che Guevara im heißen Osten Boliviens unterwegs (Seite 103)

14 Sucre
Bolivien von seiner schönsten Seite: In der hübschen Welterbestadt der Unesco lassen sich leicht interkulturelle Bande knüpfen (Seite 103)

15 Potosí
Boliviens Silberstadt am Cerro Rico, dem legendären „reichen Hügel", in dem einst die Minenarbeiter für den Reichtum anderer schuften mussten, ist heute ein Treff für Touristen (Seite 106)

WAS FÜR LÄNDER!

Machu Picchu

AUFTAKT

Die weißen Gipfel der Anden, ihre tiefen Täler und Schluchten, die Wüste an der Küste, der Titicacasee: Peru und Bolivien bieten unvergessliche, grandiose Landschaften. Vor allem aber jede Menge magischer Momente. Sei es oben auf dem Berg in Machu Picchu oder unten am Amazonas, wo Anakondas, Riesenotter und Tapire leben. So faszinierend das Erbe der Inka und ihrer Vorfahren, so lebendig ist auch die Welt ihrer Nachfahren, wenn etwa in Bolivien das Koka-Orakel befragt oder im peruanischen Cuzco das Sonnwendfest gefeiert wird. Dem Zauber dieser Andenländer und ihrer Bewohner kann sich niemand entziehen.

> Schauplatz Bolivien, in einem Dorf am Titicacasee: Cocablätter schimmern matt im Kerzenlicht. Davor sitzt der *kallawaya*, der Schamane, und liest aus ihnen das Orakel. „Sieh", erklärt der alte Mann leise, „sie verheißen dir Gutes ..."

Rund 1000 km weiter in Peru: Ein Bus voller Touristen fährt von der Ruinenstätte Machu Picchu hinunter ins Tal – Kurve um Kurve. Ein kleiner Junge ist jedes Mal schneller. Er kürzt die Serpentinen stets über einen steilen Pfad ab und erwartet den Bus in jeder Geraden mit einem gellenden Schrei auf Quechua: „Auf Wiedersehen!" Um unten dann mit geöffneter Hand herumzugehen …

Rund drei Zugstunden weiter südöstlich: In der ehemaligen Inka-Festung Sacsayhuamán nahe der alten Inkametropole Cuzco proben Peruaner rituelle Tänze, wie sie einst zum Sonnenwendfest *Inti Raymi* vor dem obersten Inka zeleb-riert wurden. Wenn das Fest über die Bühne geht, werden sie dazu prächtige Kostüme mit Federkopfschmuck tragen. An Stelle des obersten Inka, der früher dem Fest vorsaß, werden sich Touristen das farbenprächtige Spektakel ansehen. Oder Juanita. Die tiefgefrorene Jungfrau ruht in einem gläsernen Schausarg in der peruanischen Kolonialstadt Arequipa. Das Mädchen starb vor ein paar hundert Jahren auf der Spitze eines Vulkans als

> *Lebendige Welt einer fremden Kultur*

Opfer für die Götter – genau wie die drei Inkakinder, die Archäologen 1999 im Eis des Vulkans Llullaillaco fanden. Bei den Untersuchungen fand man keine Spuren von Gewaltanwendung. Offensichtlich waren die Kinder sich dessen bewusst, dass sie geopfert würden. Kinder galten bei

Im Zentrum von La Paz liegt die Plaza Pedro Domingo Murillo mit dem Regierungspalast

den Inka als Mittler zwischen Göttern und Menschen. Tauchen Sie ein in die lebendige Welt einer uns zutiefst fremden Kultur! So unverständlich uns der Opfertod der Kinder erscheint, so beschämend der Almosenlauf des Jungen von Machu Picchu und so inszeniert das Touristenspektakel zu Inti Raymi – so viel erzählen sie von der Geschichte, vom Glauben, den Traditionen, der Mentalität der Menschen in diesen Ländern.

Peru und Bolivien sind wie geschaffen für Abenteurer, für Bildungsreisende und Naturfans. Ob auf eigene Faust oder im Rahmen einer länderübergreifenden Studienreise – es erwartet Sie eine Fülle an Eindrücken, die Ihnen die Reise unvergesslich machen wird. Die höchste Stadt der Welt (La Paz), der größte Hochlandsee (der Titicacasee), die legendäre ehemalige Inkametropole Cuzco und die verwunschene Bergfestung Machu Picchu sind nur die bekanntesten Highlights. Nach einem Besuch der ehemaligen Chimú-Metropole Chan Chan, der Moche-Pyramiden von Túcume, der Linien von Nazca oder des Tempels Chavín bei Huaraz wird auch Sie das Entdeckerfieber erfassen, das bis heute unter den Archäologen grassiert. Immer wieder finden sie Neues: unberührte Inkastädte, geheimnisvolle Zeichen oder, bei Caral, die älteste Stadt Amerikas.

> *Wie geschaffen für Entdecker und Abenteurer*

Dabei sind weite Teile Perus alles andere als eine von der Natur reich beschenkte Region: Die Küste gleicht einer Wüste, der die Menschen nur mittels künstlicher Bewässerung Grün entlocken. Und die Anden, die beide Länder mit mächtigen Kordilleren und eisgekrönten Gipfeln durchziehen, wirken vielfach wie verbrannte Erde: kahl und braun. Nur in den Tälern zum Amazonastiefland hin wuchert üppiges Grün. In den ländlichen Gebieten wird der Boden immer noch wie zur Zeit der Inka in *comunidades* beackert, wie die traditionellen Dorfgemeinschaften heißen. Im Hochland, auf 3500–4500 m, sind diese *comunidades* noch wie vor Jahrhunderten mit Steinmauern begrenzt. Dort schreiten die Dorfobersten die Mauern noch mit ihrem Stab ab und lehren die Dorfjungen, das Land zu bebauen, Fremden zu misstrauen und die Geister zu fürchten.

Wenn Sie Peru und Bolivien entdecken, machen Sie sich auf archaische

WAS WAR WANN?

Geschichtstabelle

8000 v. Chr.–2600 v. Chr. Von Höhlenbewohnern zur ersten Stadt Amerikas (Caral/Peru)

1500 v. Chr.– 1400 n. Chr. Lokale Kulturen in den Anden und an der Küste

1500–31 Inkareich Twantinsuyu

1531–72 Beginn der spanischen Kolonialepoche: 1531 geht Francisco Pizarro in Peru an Land

1650–1781 Indianeraufstände; 1781 wird Túpac Amarú II., der Anführer eines gescheiterten Aufstands, hingerichtet

1809–25 Freiheitskämpfe: Peru löst sich 1821 von Spanien, Oberperu erklärt sich 1825 für unabhängig und wird zu Ehren Simón Bolívars Bolivien genannt

1850–1912 Wirtschaftlicher Aufschwung durch Guano- und Salpeterexport. Pazifikkrieg mit Chile: Peru verliert zwei Provinzen, Bolivien den Zugang zum Meer. Kautschukboom am Amazonas

1943–1964 In Peru und Bolivien wechseln Militärdiktaturen und demokratisch gewählte Regierungen

1967–2000 Exekution Che Guevaras in Bolivien. Terror des „Leuchtenden Pfads" in Peru, den Präsident Fujimori 1997 stoppt. Wirtschaftliche Erfolge, am Ende Wahlbetrug und Flucht Fujimoris

2001–05 Präsident in Peru wird der indigene Alejandro Toledo Manrique. In Bolivien wird der Kokabauer Evo Morales zum Präsidenten gewählt

2006–10 In Peru wird Alan García Peréz Präsident; 2009 Indianerproteste gegen geplante Ölbohrungen. In Bolivien verstaatlicht Evo Morales u. a. Öl- und Gasfirmen und wird 2009 wiedergewählt

Bilder und auf die Konfrontation mit der Not gefasst: Menschen hausen im eisigen Hochland in Hütten, Kinder leiden unter Unterernährung und betteln in zerlumpten Kleidern Touristen an. Rückständigkeit und Armut sind in beiden Ländern erschreckend, ein Erbe selbstsüchtiger Regierungen von der Kolonialzeit bis heute.

In Bolivien, dem Land Südamerikas mit dem höchsten Anteil an indigener Bevölkerung, war die Hoffnung auf ein menschenwürdigeres Leben der Ärmeren 2006 mit dem Regierungsantritt von Evo Morales gestiegen. Armuts- und Korruptionsbekämpfung blieben seine wichtigsten Ziele auch nach seiner Wiederwahl, die er mit 64 Prozent aller Stimmen erreichte. Seine größten Kontrahenten aber bleiben die Städte, allen voran das wohlhabende Santa Cruz. Bei den Regional- und Kommunalwahlen im April 2010 sah er nur drei der zehn wichtigsten Städte auf seiner Seite. Eines aber hat Morales jetzt schon bewirkt: Indigen sein fühlt sich endlich gut an in den Anden. Selbstbewusster denn je werden alte Traditionen gepflegt, und das wirkt sich zur Freude der Besucher auf die Vielfalt des Kunstgewerbes aus, seien es Textilien oder Schmuck. Dazu erfreut sich die Ballade „El Condor Pasa", die vom Aufstand Túpac Amarús II. erzählt, größter Beliebtheit.

Bei den sozialen Extremen kann Reisen in Peru und Bolivien ein Wechselbad der Gefühle sein, ein Abenteuer zwischen Faszination und Kulturschock. Wie in anderen Ländern der Dritten Welt, in denen sich zwischen Arm und Reich eine große Kluft auftut, sollte man unbedingt die sozialen Brennpunkte meiden. Immerhin hat eine intensive Tourismusförderung inzwischen dafür gesorgt, dass Urlauber selbst im entlegensten Winkel des Landes nicht mehr als Eindringlinge angesehen werden.

> Von den Anden zum Amazonas

Peru ist fast viermal so groß wie Deutschland, Bolivien gut dreimal. Wer nicht tagelang mit dem Bus unterwegs sein will, überwindet die Distanzen oft besser mit dem Flugzeug. Meist sind es Flüge von einem klimatischen Extrem ins andere. Spätestens auf dem 4000 m hohen Altiplano wird Ihr Körper Sie dazu auffordern, das Reisetempo zu drosseln. Nur wenige Kilometer östlich wartet das andere Extrem: die dampfend heiße und schwüle Welt des Amazonas-Dschungels. Der weltberühmte Nationalpark Manú in Peru z. B. liegt zwar nur einen Luftsprung von Cuzco entfernt, aber eben 3000 m tiefer. Und noch ein Rat: Wenn Sie die Hauptstadt Lima genießen wollen, reisen Sie in den ersten Monaten des Jahres, nicht im europäischen Sommer. Denn dann herrscht dort Winter, und die Stadt erinnert an London im November. Es wäre schade, wenn Sie die historischen Gebäude nicht in voller Pracht sehen könnten.

Nur wenige Sonnenstrahlen dringen durch das Blätterdach im Regenwald

TREND GUIDE PERU

Die heißesten Entdeckungen und Hotspots! Unsere Szene-Scouts zeigen Ihnen, was angesagt ist

Cinthya Méndez Pajuelo und Carlos Saravia Calderon

Tagsüber studieren unsere Szene-Scouts Jura, abends und in ihrer Freizeit stürzen sie sich ins Leben. Ob Kunst, Mode oder Sport: Cinthya und Carlos lassen sich inspirieren – und sehen, dass Peru im Begriff ist, sein kreatives Potenzial voll auszuschöpfen. Die Entwicklung ihrer Heimatstadt Lima verfolgen sie mit großem Interesse.

UNTERWASSERWELTEN

Tierische Begegnungen

Erst wenige Besucher wissen, dass trotz der nicht immer klaren Sicht der Artenreichtum vor den Küsten Perus unglaublich vielfältig ist. Neben unzähligen Fischen tummeln sich hier Schildkröten, Seelöwen und Wale – ein absolutes Highlight für jeden Unterwasserfan. Das Hotel *Las Hamacas* in Punta Sal bietet Tauchunterricht in den fischreichen Küstengewässern an *(Panamericana Norte, Strand am Kilometer 1192, www.vivamancora.com/lashamacas)*. Die Guides von *Nature Expeditions* organisieren geführte Tauchtrips zu den spannendsten Spots z.B. an den Klippen von Pucusana *(www.nature-expeditions-peru.com)*. Nah ran an schillernde Fischschwärme oder Seelöwen, die wie tanzend durchs Wasser schweben, bringen einen die Tauchführer von *Perudivers (www.perudivers.com)*.

SZENE

HAUSREZEPT

Klassiker neu aufgelegt

In den Kochtöpfen der Restaurants brodeln Gerichte, die nach uralten Rezepten authentisch nachgekocht werden. Hometown-Cooking nennen die Köche den Retrotrend, der so abenteuerliche Gerichte wie Anticuchos – Kuhherzen in Barbecuesauce – wiederbelebt. Im *Doña Julia (Jr. Huiracocha 1300, Jesús María, Lima, http://anticucheriadonajulia.com)* wird streng nach Originalrezept gekocht. Mutige essen im *El Huerto de mi amada* Suri con Tacacho: Suri ist ein weißer Wurm, der auf den Amazonasbäumen lebt, und Tacacho eine reife Banane *(Jr. San Francisco 521, Lluyllucucha, Moyobamba)*. Die besten traditionellen Fischgerichte gibt's im *Ésta es mi tierra (Av. Las Gardenias 300, Urbanización Santa María del Pinar, Piura, www.estaesmitierrapiura.com)*.

SOUNDMIX

Rock trifft Cumbia

Moderne Bands mischen Rock, Reggae und Elektronik mit Elementen aus der Cumbia, ursprünglich eine kolumbianische Tanzmusik mit afrikanischem Rhythmus. Die jungen Bands unterlegen ihre Musik mit politischen Texten oder der Sprache der Ureinwohner. Wie die Rockband *Uchpa,* die in der Inkasprache *(www.myspace.com/uchpasite)* singen. Die Lieder der Gruppe *La Sarita* handeln von Korruption, sozialer Ungerechtigkeit und Umweltverschmutzung, *(www.myspace.com/lasarita33,* Foto*)*. Im Liveclub *Sargento Pimienta* in Lima *(Bolognesi 755, Barranco)* kann man den angesagten Cumbia-Rock-Mix live erleben. Bands wie z. B. *Bareto* heizen hier dem Publikum ein *(www.myspace.com/bareto)*. Infos zu Konzerten in Peru gibt's unter *http://conciertosperu.blogspot.com*.

AUFKLÄRUNG

Das gute Gewissen

Ob Umwelt, Tierschutz oder Soziales, das Bewusstsein der Peruaner für brisante Themen wächst. *Mundo Azul*, die Tier- und Meeresschutzorganisation, organisiert u.a. Delphinrettungen *(www.mundoazul.org,* Foto*)*. Die Universität von Molina, die als umweltfreundlichste Einrichtung des Landes gilt, fördert ein Projekt zum Thema Lebensqualität: Sie bietet Seminare und Workshops an, in denen Außenstehenden vermittelt wird, wie Lebensmittel wie Käse und Joghurt in Bioqualität herhergestellt werden *(La Universidad Av., La Molina, Lima, www.lamolina.edu.pe/portada)*. *Anima Naturalis Peru* setzt sich in Kooperation mit *PETA International* unter anderem gegen Stierkämpfe ein. Nach dem Motto „Ni arte, ni Cultura!" – Weder Kunst noch Kultur! – wollen sie die Bevölkerung von der Unmenschlichkeit dieser Veranstaltungen überzeugen *(www.animanaturalis.org)*.

SCHÖNE AUSSICHTEN

Luxusresidenzen in filmreifer Kulisse

Moderner Komfort in einer Umgebung mit Wow-Effekt: Darauf setzen die neuesten Hotelkonzepte. In unglaublicher Lage mitten im Cañon del Colca, umgeben von grünen Bergterassen vereint das *Cottage La Saitas del Colca* landestypisches Design und Luxus – Spa und Gourmetrestaurant inklusive *(Parque Curiña s/n, Yanque, Arequipa, www.lascasitasdelcolca.com)*. Dasselbe Konzept verfolgt das *Sumaq Hotel* nahe Machu Picchu, zwischen riesigen Bergen und der verlorenen Stadt der Inkas *(Av. Hermanos Ayar Mz 1 Lote 3, Machu Picchu, Cuzco, www.sumaqhotelperu.com)*. Das Haupthaus der *La Casona Inkaterra* stammt aus dem 16. Jahrhundert und wurde mit großem Aufwand renoviert. Beim Interieur setzt man hier auf die Fusion von Kolonialstil und Elementen der Inka-Kultur *(Plaza Nazarenas 167, Cuzco, www.inkaterra.com,* Foto*)*.

JUNGE MODE

Schnittkünstler

Peruanische Muster und typische Naturelemente beeinflussen die Modedesigner. Epizentrum der Kreativen ist die Hauptstadt Lima. Angesagtester Nachwuchsdesigner ist die Marke *Hübsch*. Deren verspielte Kollektionen werden von Schleifchen, Schmetterlingen und Pastellfarben geprägt *(Laden 165, Calle Artesanos 150, Av. Benavides Alt. Cdra. 52, Surco, www.hubsch.com.pe)*. Einblick in die junge Modeszene bekommt man beim Stöbern im *Que Trendy (Jr. Caraz 805, Urb. Mercurio, Los Olivos, Lima, www.quetrendy.com)*. Im Areal *Gamarra* haben viele peruanische Designer ihre Shops *(Av. Gamarra, Block 4–9, La Victoria, Lima, www.recorregamarra.com)*.

KUNSTVOLL

Die Mischung macht's

Die Künstler sind experimentierfreudig. Verschiedene Techniken fließen ineinander über und lassen neue Kunstformen entstehen. Alfredo Márquez vereint in seinen Werken Design und Malerei mit Fotokopie und Siebdruck *(www.madeinperu.com.pe)*. Die Grafikdesignerin Natalia Iguiñiz verbindet in ihren Arbeiten Fotografie und Performancekunst *(www.nataliaiguiniz.nom.pe)*. In der *Galería Artco (Rouad y Paz Soldan 325, Alt. Cdra. 10 de Av. Camino Real, San Isidro, www.artcogaleria.com,* Foto*)* in Lima kann man sich von den neuen Werken überzeugen.

TANZFIEBER

Rhythmus im Blut

Peru wiegt sich im Takt! Einer der beliebtesten Tänze: der *Huayno*, ein afrikanischer Tanz, der mit den Sklaven nach Peru kam. Im 16. Jh. eingeführt und fast schon vergessen, aber nur fast: Denn in Tanzschulen wie dem *Rits* kreisen die Hüften wieder *(Av. Arequipa 1733, Lince, Lima, www.bailesrits.com)*. Weiterer Favorit: der *Marinera Norteña*, eine Variation des Nationaltanzes aus dem Norden des Landes. Der dreimalige Meister Pocho Gutierrez zeigt in seiner Tanzakademie wie's geht *(Calle Pedro Muñiz 358, Urbanización San Nicolas)*. Wer auf Salsa steht, ist bei *Saoco Dance* in Lima richtig *(Av. Pardo de Zela 436, Lince, www.saocodance.com)*.

> VON EL NIÑO, LAMAS UND PANFLÖTEN

Zwischen Andengipfeln und Pazifikfluten: eine abwechslungsreiche Region mit vielen Facetten

ALTE KULTUREN

Peru und Bolivien gelten als Wiege der präkolumbischen Zivilisationen Südamerikas. Lange vor den Inka entwickelten sich hier die ersten Hochkulturen. Als älteste städtische Zivilisation Amerikas gilt heute die 1999 im Supe-Tal nördlich von Lima entdeckte „Heilige Stadt von Caral". Funde konnten dort auf das Jahr 2627 v. Chr. datiert werden. Um 850 v. Chr. entstand in den Bergen bei Huaraz die *Chavín-Kultur:* Der freigelegte Steintempel ist ein düsteres, einer raubtierähnlichen Gottheit geweihtes Labyrinth. Etwas später lebten an der Südküste Perus die Menschen der *Paracas*-Kultur (550 v. Chr.–100 n. Chr.); sie beherrschten in jener Zeit schon jede heute noch verwendete Stick-, Knüpf- und Maschentechnik. Bald entwickelte sich in der Nachbarschaft die Nazca-Kul-

Bild: Alpakas im Hochland

STICH WORTE

tur. Mit der Moche-Kultur an der Nordküste (ca 100 v. Chr.– 800 n. Chr.) gehört sie zu den ersten komplexen Zivilisationen im heutigen Peru. Baumaterial der Moche war der ungebrannte Adobe-Ziegel. Um 500 bis 600 erblühen am bolivianischen Ufer des Titicacasees und beim heutigen Ayacucho in Peru erste Großreiche mit Städten aus Stein: Tiwanaku (span. *Tiuahuanaco*) und Wari (span. *Huari*). Die Wari kannten viele Techniken, die später von den Inka übernommen wurden, u.a. führten sie Statistiken mit Hilfe farbiger Knoten. Dürreperioden beendeten vermutlich ihre Vorherrschaft. Um 900 erwuchs der Moche-Kultur das Reich der *Chimú*. Als ihre Hauptstadt Chan Chan mit ca. 100 000 Einwohnern in voller Blüte stand, waren die Inka noch ein kleines Stammesfürstentum im Hochland. Erst im 15. Jh. besiegten sie die Chimú wie auch die geheimnisvollen „Nebelmenschen" bei Chachapoyas im östlichen Amazonasdepartment. *http://chavin.perucultural.org.pe* | *http://losmochicas.perucultural.org.pe* | *http://incas.perucultural.org.pe*

ARCHITEKTUR

Hütten und Häuser aus Adobe (ungebrannten Lehmziegeln) findet man heute noch vielfach in kleinen Orten. Auf die einzigartige Baukunst der Inka aber versteht sich niemand mehr. Wie sie die tonnenschweren Steine transportieren und ohne Mörtel so verbinden konnten, dass sie wie gegossen aneinanderpassten, ist bis heute ein Rätsel. In Cuzco errichteten die spanischen Eroberer ihre Tempel zum Teil auf alten Inkamauern. Die Baukunst der Kolonialherren spiegelt vor allem die Prunkstile des spanischen *Siglo de Oro* (16./17. Jh.) wider: vom frühen, arabisch gefärbten *Mudéjarstil* bis zum üppigen *Churriguerismus*-Barock. Indianische Arbeiter schmückten ihn mit Tier-, Pflanzen- oder Sonnenornamenten und schufen damit den sogenannten Mestizenbarock.

Traditionell gekleidete Indígena

BEVÖLKERUNG

Nirgendwo sonst hat die indianische Urbevölkerung die Eroberung durch die Spanier so zahlreich überlebt wie in Peru und Bolivien. Von den 29,2 Mio. Peruanern sind 47 Prozent *indígenas*, 37 Prozent Mestizen, 13 Prozent europäischer Herkunft und 3 Prozent Mulatten, Schwarze oder Asiaten. Bolivien besitzt mit 55 Prozent den höchsten Anteil indianischer Bevölkerung in ganz Amerika: Von 10,3 Mio. Menschen sind nur 45 Prozent Mestizen *(cholos)* und Weiße *(criollos)*. Unter den Einwanderern finden sich viele Chinesen, Japaner und Deutsche. Seit der neuen Verfassung von 2009 nennt sich Bolivien ein Vielvölkerstaat mit 37 offiziellen Sprachen. In Peru kennt man noch 15 Sprachfamilien und 43 Dialekte.

FLORA & FAUNA

Mit dem ausgeprägten Höhenprofil von der Küste über den Andenkamm bis zum Amazonastiefland bietet

Peru die unterschiedlichsten Vegetationszonen. Bolivien trumpft dazu mit besonderen Extremen auf, z.B. mit den Salaren (Salzseen). Die Pazifikküste Perus ist bis auf einige Flussmündungen wüstentrocken. Hier gedeiht kaum mehr als die eingeführte afrikanische Dattelpalme und die Traube für das Nationalgetränk Pisco. Dafür ernährt der kühle Humboldtstrom mit seinem Fischreichtum Seevögel, Pinguine, Robben und Seelöwen auf der Halbinsel Paracas.

Die Anden sind der Lebensraum des Kondors und der wilden Neuweltkamele, der Guanakos und Vicuñas. Auch die domestizierten Arten Lama und Alpaka sind im Hochland zu Hause. Man sieht sie z.B. in der Puna, der Hochlandsteppe (2000 bis 3500 m). Charakteristisch für diese Vegetationszone ist das kurze, strohgelbe Ichú-Büschelgras. Vereinzelt wächst hier auch die gigantische Riesenbromelie *Puya raimondii*, deren Blütenstiel bis zu 6 m hoch werden kann. An den Straßenrändern sind mitunter Cantuta-Sträucher zu sehen, deren rotweiße Blüten wie Glockenkelche herunterhängen. Sie wurden zur Nationalblume Perus erklärt.

Von höchster Artenvielfalt ist die Amazonasregion. Als Vorboten grüßen tiefe Täler, die Nebel- und Bergwälder voller Farne und Bromelien säumen. Im Tiefland dann „explodiert“ die Natur wie im Treibhaus. Der tropische Regenwald wuchert hier in Etagen. Zu den spektakulärsten Bewohnern zählen Jaguar, Anakonda, Kaiman oder Krokodil. Schmetterlinge umgaukeln Boote, und das Geschrei von Papageien erfüllt die feuchtheiße Luft.

LITERATUR

Der Inka Garcilaso de Vega (1539 bis 1616), Sohn der Inkaprinzessin Chimpu Ocllo und eines spanischen Hauptmanns, führt mit *Comentarios reales* („Wahrhaftige Kommentare zum Reich der Inka“) die Riege großer peruanischer Autoren an. Als größter Dichter gilt César Vallejo (1892 bis 1938), sein berühmtestes Werk war

> DAS HEILIGE BLATT

Coca, ein Naturprodukt für alle Fälle

Nach Ansicht der meisten Menschen in Peru und Bolivien hängt ihr Wohlergehen von den Geistern ab, die die Natur beseelen. Und *Pachamama,* Mutter Natur, schenkte ihnen das Cocablatt, um den Kontakt zu diesen Geistern zu erleichtern. Deshalb kauen sie Cocablätter vor allem bei rituellen und religiösen Handlungen. Coca spielt aber auch in der Heilkunde und als Orakel eine wichtige Rolle. Die Männer begleitet das Cocablatt bei der Arbeit, die Frauen dürfen es bei der Geburt nehmen und als Greisinnen oder Witwen. Beim Kauen werden die Blätter mit *Ilipta* oder *Ilejía*, einem Katalysator aus Kalk oder Pflanzenasche, vermengt. Dadurch entfaltet sich ihr anregender Wirkstoff Kokain, weshalb Cocablätter unter die UN-Drogenkonvention fallen. Daneben enthalten sie Proteine, Kohlenhydrate, Eisen, Kalzium, Phosphor und Vitamine.

Trio am Tresen: Musiker in einer Bar in Cuzco

der von Wortneuschöpfungen strotzende Gedichtband *Trilce*. Mario Vargas Llosa (geb. 1936), Literaturnobelpreisträger 2010, punktet mit großer Erzählkunst. Zu seinen wichtigsten Werken gehören *Tod in den Anden* und *Der Geschichtenerzähler*.

MUSIK

Der melancholische Andensound ist durch die Melodie von *El Condor Pasa* bekannt geworden. Die Ballade ist ein *Javarí*-Lied, eine Liedform, die oft von Liebesbeziehungen handelt und in der Inkazeit z.B. auf Hochzeiten gesungen wurde. Daneben gibt es die *huanca* (kultische Musik) und die *huaino* (Tanzmusik). Charakteristisch dafür sind die traditionellen Instrumente der Inkanachfahren: die *queña* (Rohrflöte), die verschieden langen, mehrreihigen *zampoñas* (Panflöten) und die *charango* (Gitarre mit dem Klangkörper aus dem Panzer des Gürteltieres). An der Küste mischen sich in das spanisch-indianische Erbe noch afrikanische Klänge und Rhythmen. Zur Folklore gesellen sich lokale Popstars sowie Musiker und Interpreten klassischer Musik. Zu Weltruhm als Tenor gelangte der Peruaner Juan Diego Flórez. *www.musicaperuana.com* | *www.musicaboliviana.net/*

NATURGEWALTEN

Erdbeben und Vulkanausbrüche erschüttern die beiden Andenländer immer wieder. Vor allem Peru, denn es liegt einer Tiefseerinne am nächsten, an der sich zwei tektonische Platten übereinanderschieben. Das letzte schwere Erdbeben ereignete sich 2007 in der Region von Pisco. Etwa alle vier Jahre zur Weihnachtszeit tritt außerdem *El Niño* (deutsch: das Christuskind), ein Wetterphänomen, auf, bei dem sich das Meerwasser um etwa 5 Grad erwärmt. Die Folgen sind verheerend: Ökosysteme und Wetter geraten derart aus dem Gleichgewicht, dass es zu einem Wandel in der Meeresfauna und zu sintflutartigen Regenfällen kommt.

POLITIK

Peru und Bolivien sind Republiken mit einem Präsidialsystem. In Bolivien ist der Präsident auch Regierungschef, das Parlament besteht aus einem Kongress mit 130 Abgeordneten und einem 36-köpfigen Senat. Als erster Indigener in der Geschichte Boliviens wurde Evo Morales von der „Bewegung zum Sozialismus" (MAS) Ende 2005 und Ende 2009 zum Staatspräsidenten gewählt. Die traditionellen Parteien MNR und ADN verloren an Bedeutung. Die Wiederwahl von Morales war durch die neue Verfassung vom 25.1.2009 möglich geworden.

In Peru steht dem Präsidenten als Staatsoberhaupt ein Ministerpräsident als Regierungschef zur Seite; der Kongress besteht aus 120 Abgeordneten. Präsident wurde 2006 der Linkspopulist Alan García Pérez von der APRA (Alianza Popular Revolucionaria Americana).

WIRTSCHAFT

Bolivien setzt unter Evo Morales auf staatliche Lenkung der Wirtschaft. Teilweise verstaatlicht wurden Erdöl-, Erdgas- und Bergbauunternehmen. Wichtigste Handelspartner sind Brasilien, Argentinien, Japan. Das Bruttoinlandsprodukt ist das niedrigste Südamerikas. In Peru stieg der Tourismus zur drittwichtigsten Devisenquelle auf – nach Bergbau und Fischfang. 2009 kamen erstmals über 2 Mio. Besucher aus dem Ausland. Die Wirtschaft kehrte nach einem Konjunktureinbruch zu einem ca. 7-prozentigen Wachstum zurück. Eine Armutspolitik gibt es noch nicht. Wichtigste Exportprodukte sind Silber, Gold, Kupfer, Zink, Blei, Eisen und Erdöl aus der Amazonasregion.

MAGISCHE MOMENTE

Unvergessliche Veranstaltungen, die Bände über die Vergangenheit erzählen

> Manchmal ist der Teufel los. So beim *Karneval* im Hochland von Peru und Bolivien. Wenn die *tobas*, die Tänzer, mit ihren gigantischen Federhüten unter Trommelwirbel vorbeiziehen, dann ahnt man es schon: Hier wird die indianische Vergangenheit beschworen. An die Bedeutung der katholischen Kirche erinnern neben den zahlreichen Patronatsfesten vor allem die pompösen Prozessionen zur *Semana Santa* (Osterwoche). Und alle zwei Jahre (2012, 2014 etc.) verzaubern zum Insider Tipp *Festival Internacional de Música Renacentista y Barroca Americana* der Misones de Chiquitos barocke Klänge die Kirchen der Chiquitania *(www.festivalesapac.com/musica.htm)*.

FEIERTAGE

1. Jan. *Año Nuevo (Neujahr);* **Feb./März** *Carnaval (Karneval);* **März/April** *Jueves Santo (Gründonnerstag), Viernes Santo (Karfreitag);* **1. Mai** *Día de los Trabajadores (Tag der Arbeit);* **Mai/Juni** *Día del Corpus (Fronleichnam);* **14. Juni** Peru: *Día de los Campesinos (Tag der Bauern);* **28. Juni** Peru: *Día de la Independencia (Unabhängigkeitstag);* **29. Juni** Peru: *Fiesta San Pedro y San Pablo (Peter und Paul);* **6. Aug.** Bolivien: *Día de la Independencia (Unabhängigkeitstag);* **15. Aug.** Peru: *Virgen de la Asunción (Mariä Himmelfahrt);* **30. Aug.** Peru: *Santa Rosa de Lima (Fest der Heiligen Rosa von Lima);* **9. Okt.** Peru: *Día de la Dignidad Nacional (Tag der Nationalen Würde);* **1./2. Nov.** *Día de Todos los Santos (Allerheiligen/Allerseelen);* **8. Dez.** Peru: *Virgen de la Concepción (Mariä Empfängnis);* **25. Dez.** *Navidad (Weihnachten);* **31. Dez.** *Noche de San Silvestre (Silvester)*

FESTE UND VERANSTALTUNGEN

Januar

Achocalla (1.): Neujahrsfest in der Nähe von La Paz, bei dem die *tarqueadas*-Tänzer Brot auf dem Haar und Perlenketten tragen.

> EVENTS FESTE & MEHR

Februar
Marienfest (2.): in Puno auf der peruan. Seite des Titicacasees und in Copacabana auf der boliv. Seite
★ *Karneval* in Oruro (Bol.), beginnt am Do vor dem Karnevalswochenende; Höhepunkt ist der *Corso de Domingo de Carnaval* (So)

März/April
Karfreitagsprozession in Copacabana (Bolivien) am Titicacasee
Osterprozessionen am Sonntag in Arequipa, Ayacucho und Cuzco (Peru)

Juni
Insider Tipp *Fest des Schutzheiligen Johannes* (23./24.): in der Amazonasregion mit rituellen Waschungen und vielen Partys
★ *Inti Raymi* (24.–29.): Sonnenwendfeier der Inka; in Sacsayhuamán (Peru) in historischen Kostümen

August
Patronatsfest für die Virgen de Copacabana (5.–6.): berühmtes Wallfahrtsfest für die Schwarze Madonna von Copacabana (Bolivien)

September
Fest der Tagundnachtgleiche (21.): in und um die Ruinenstätte Tiwanaku und in ganz Bolivien

Oktober
Patronatstag von San Francisco (4.): in Peru in allen Kolonialstädten mit Franziskanerkirchen und -klöstern
Mitte Okt. Beginn der *Stierkampfsaison* in Lima (Peru)

November
Allerheiligen/Allerseelen (1./2.): In boliv. Landgemeinden legen Angehörige u.a. Alkohol und gebackene Brotfiguren aufs Grab.
Folklorefest in Puno (Peru) zum Gedenken an den ersten Inka Manco Capac, der hier – von der Sonneninsel im Titicacasee kommend – an Land ging Insider Tipp
Mitte Nov. Beginn der *Stierkampfsaison* in La Paz (Bolivien)

> PISCO UND CEVICHE, CUY UND GUACAMOLE

Kleiner Wegweiser durch die deftige bis exotische Küche Perus und Boliviens

> Von allen lateinamerikanischen Küchen bieten Peru und Bolivien die wohl exotischsten Speisen und Getränke. Da ist zunächst der Aperitif: Kaum ein Hotel oder Restaurant, das auf sich hält, versäumt es, Besuchern von Übersee gratis zur Begrüßung einen kräftigen *Pisco Sour* zu kredenzen – das Nationalgetränk Perus, gemixt aus hochprozentigem, klarem Traubenschnaps, Limonensaft, flüssigem Eiweiß, Zucker oder Zimt mit einem Tropfen des Bitterlikörs Angostura.

Bild: Rohfischgericht Ceviche

Der überaus anregende „Kurze" senkt die Hemmschwelle beim Studium der Menükarte dann tief genug ab, sodass sich mancher auch an Unbekanntes wagt. An *ceviche* zum Beispiel, eine Schale mit verschiedenen Rohfischstücken, die als Vorspeise gereicht wird. Dünn geschnitzelte Zwiebelscheiben gehören dazu, und der Fisch darf nicht zu klein geschnitten sein. Im Hochland bietet sich eine andere leckere Vorspeise

ESSEN & TRINKEN

an: *guacamole,* mit feinen Kräutern, verschiedenen Gewürzen und fein gehackten Zwiebeln angereichertes, frisch gemustes Avocadofleisch, das vorzugsweise als Dipp zu Kartoffelchips gegessen wird.

Wer an der Pazifikküste als Hauptspeise nicht frisch gegrillten Seefisch – zum Beispiel *corvina* (Seebarsch) – bevorzugt, ist gut mit einer kräftigen *chupe de camarones* beraten. Die köstliche, reichhaltige Suppe besteht aus einer kräftigen, mit Milch angereicherten Fleischbrühe. Darin schwimmen ganze pochierte Eier, Kartoffelstücke verschiedener Sorten, die geschmacklich alle uns bekannten übertreffen (schließlich gehört Peru zu den Heimatländern der Kartoffel!), Gemüse und natürlich die *camarones* (Krabben). Eine deftige bolivianische Suppe ist Erdnussbuttersuppe mit Mais, Bohnen und geschmolzenem Käse.

Bei Suppen wird gern ein Kraut verwendet, das nicht unbedingt jedermanns Sache ist: das herb schmeckende *cilantro* (Koriander). Vorsicht ist auch bei den Mischungen mit fein gehackten Kräutern und Zwiebeln angebracht, die häufig in kleinen Schalen als Würze zum Essen auf den Tisch gestellt werden, denn sie schwimmen in höllisch scharfem Pfefferschotensaft.

Im Hochland gilt gegrilltes *cuy* (Meerschweinchen) als große Delikatesse. *Cuy* war schon die Leib- und Magenspeise der Inka. Eine andere Andenspezialität ist *Forelle* aus den

> SPEZIALITÄTEN

Genießen Sie die typische Anden-Küche!

COMIDAS (SPEISEN)

adobo – Schweinebraten, gekocht in *chicha de jora* (mit Mais fermentiertes Bier) mit ganzen Zwiebeln
ceviche – marinierte rohe Fischstücke mit Zwiebeln und Sellerie
chair choclo – Maiskolben mit Käse
chairo – boliv. Suppe mit Fleischstücken, getrockneten Kartoffeln, Bohnen
chupe de camarones – Kartoffelsuppe mit Milch, Ei und Garnelen
cuy (qowi, cuye oder conejillo de indias) – Meerschweinchen; wird meist gegrillt

escabeche – Gemüseeintopf von Huhn *(de gallina)* oder Fisch *(de pescado)*
k'apchi de setas – Eintopf aus Meerschweinchen-Stücken mit Bohnen, Kartoffeln und Milch, serviert mit Reis
lechón al horno – Spanferkel mit Süßkartoffel
pachamanca – verschiedene Fleisch- und Gemüsesorten, in der Erde auf heißen Steinen zubereitet
picante – mit Knoblauch, Zwiebeln und Tomaten gekochtes Fleisch
piqueo – kleine Vorspeisen
rocoto relleno – in Ei gewälztes und dann gebratenes Hackfleisch mit Käse, Erdnüssen und *rocoto*-Gewürz (eine Chili-Art)
salteña – bolivianisches Nationalgericht: Fleisch, Kartoffeln, scharfe Soße und Paprika in Teig gebacken
sara lawa – Creme aus Maismehl, Kartoffeln, Käse und Eiern
tamales – mit Hackfleisch und Maismehl gefüllte, gekochte Taschen aus Maisblättern (Foto)
turrón de doña Pepa – Kuchen mit Zuckerrohrsirup

BEBIDAS (GETRÄNKE)

algarrobina – mit dem Saft der Algarroba-Früchte verdünnter Pisco
chicha – vergorener Maissaft
mate de coco – Tee von Cocablättern
Pisco Sour – mit Limonensaft, Eiweiß, Sirup und einem Tropfen Angostura vermixter Pisco-Schnaps

kristallklaren Flüssen der Berge. Gegrillt schmeckt ihr zartes, rosafarbenes Fleisch am besten. Restaurants, in denen das ebenfalls sehr zarte Alpakafleisch kulinarisch gekonnt zubereitet wird, muss man dagegen schon länger suchen. Eins der besten in Peru ist das *Zig Zag* in Arequipa *(tgl., nur abends | Zela 210 | €)*. Dazu lässt man sich einen leichten Roten aus den Weinkellereien von Ica munden – lokaltypischer und zugleich besser kann man kaum dinieren. Typisch für Peru sind übrigens auch die *chifas* – chinesische Restaurants.

Ein Wort zu den Restaurants und Garküchen auf der Straße: Auch wenn die Imbissstände an den Straßen und Plätzen mit „frischer" *ceviche* oder verführerischen Düften von *chicharrones* (ausgelassener Schweineschwarte) und *anticucho*-Spießen (mit Herzfleischstückchen) locken – was für die Einheimischen noch als frisch gilt, bevor es zubereitet wird, bekommt europäischen Mägen eher selten. Vorsicht ist naturgemäß auch bei allen Speisen und Getränken geboten, die mit ungekochtem Wasser geputzt (Salate) oder zubereitet wurden (Eiswürfel).

Ein Getränk wird den Reisenden im Hochland Perus und Boliviens beinahe schon wie Medizin gereicht: der *mate de coca*. Der Genuss des heißen Aufgusses frischer Cocablätter beugt gegen die Höhenkrankheit vor, die sich ab 3500 m Höhe einstellen kann.

Bei den Festen der Einheimischen fließt reichlich *chicha*, ein altes indianisches Getränk aus vergorenem Mais, das für den europäischen Gaumen sehr gewöhnungsbedürftig ist.

Zur Erfrischung ein Becher Chicha, vergorener Maissaft

Leichter rinnen da die in den Ländern gebrauten Biere bzw. gebrannten Schnäpse die europäische Kehle hinunter: in Peru das gute *Cusqueña* zum Beispiel oder in Bolivien der klare Schnaps *Singani*.

Bei aller Exotik – die Vielzahl internationaler Restaurants und bekannter Fast-Food-Filialen in den größeren Städten sind für so manchen Reisenden eine kulinarische Erholung von ungewohnter *cocina típica* (landestypischer Küche). Fast-Food-Restaurants haben außerdem den Vorteil, dass sie in der Regel durchgehend geöffnet sind, während die meisten anderen Restaurants normalerweise zwischen 15 und 18 Uhr ihre Küche schließen.

EXOTISCHES ZUM MITNEHMEN

Lassen Sie genügend Platz in Ihrem Koffer: In Peru und Bolivien lohnen sich Einkäufe

> Die Länder haben einiges zu bieten: Kostbares wie Gold- und Silberschmuck oder Mode aus feiner Vicuñawolle und kulturell Wertvolles wie Kunsthandwerk, dessen Wurzeln Jahrtausende zurückreichen. Es gibt Souvenirs, die Glück bringen, und andere, die einfach nur glücklich machen, weil sie noch lange den Zauber der Anden verbreiten. Auf Märkten sollte man den meist überhöhten Erstpreis herunterhandeln. In den Läden werden die gängigen Kreditkarten meist nur gegen einen Aufschlag akzeptiert.

GLÜCKSBRINGER

Wer sich von der indianischen Magie verzaubern ließ, kann sich zum Beispiel auf dem Mercado de las Brujas (dem „Hexenmarkt") in La Paz seine ganz persönlichen Glücksbringer unter den zahlreich dort angebotenen Amuletten und Fetischen heraussuchen.

KERAMIK

Gebranntes aus Ton gibt es in den attraktivsten Variationen. Aber Vorsicht bei angeblich und vielleicht sogar wirklich alten Tonfiguren, wie sie Grabräuber an den Mann bringen wollen: Die Ausfuhr von Antiquitäten ist streng verboten. Auch die Ausfuhrberechtigung eines Antiquitätenhändlers hilft bei der Zollkontrolle nicht immer. Es werden sogar häufig Originale als Kopien ausgegeben, weil es offenbar noch genügend echte Fundstücke vor allem an der peruanischen Küste gibt. Im Zweifelsfall wenden Sie sich deshalb vor dem Kauf an einen Vertreter der Tourismusämter in Peru und Bolivien.

Absolut unverfängliche Souvenirs sind dagegen die hübschen, glasierten Minikirchen aus Ton, die die Peruaner in der Region um Ayacucho zum Schutz gegen böse Geister auf die Dächer ihrer Häuser stellen.

SCHNITZEREIEN

Die großartigsten Schnitzkunstwerke findet man auf Kürbissen, den *mates burilades.* Das 3500 Jahre alte Handwerk, ganze Bildergeschichten haarna-

> EINKAUFEN

delklein auf der trockenen Kürbisoberfläche anzubringen, wird vor allem in den Dörfern Cochas Chico und Cochas Grande, Cullpa und Paccha (Insider Tipp) im Tal Mantaro in der Provinz Huancayo noch gepflegt. Verkauft aber werden sie auf allen Märkten. Die eingeschnitzten Geschichten erzählen vom dörflichen Leben, von der Landwirtschaft und lokalen Tänzen.

SILBER

Da Peru und Bolivien zu den führenden Silberexporteuren gehören, kosten Silberwaren wenig. Wer immer schon mal einen Bilderrahmen aus massivem Silber besitzen oder verschenken wollte – hier findet er ihn.

WEB- UND STRICKWAREN

Die bunten Andenmützen mit den Ohrenklappen, die *chullos,* sind ein poppiges Mitbringsel für den nächsten Skiwinter. Liebhaber des Folklorelooks können sich auf den Märkten und Ständen günstig mit bunten Strickwaren eindecken. Dazu gibt's Ponchos, Westen, Hosen oder Röcke aus farbenprächtig gewebten Stoffen. Schon die Urahnen der Peruaner und Bolivianer waren Meister der Webkunst!

WOLLE

Alpakawolle ist fast so weich und leicht wie Kaschmir, auf der Haut warm und behaglich. Selbst in Markenläden, die schicke Modelle anbieten, sind sie noch weitaus preiswerter als in Europa. Lamawolle ist härter; aus ihr sind die spottbilligen, rustikalen Andenpullover gestrickt. Sie fehlen an keinem Souvenirstand. Die wertvollste, weil feinste Wolle liefert das Vicuña, das in Regionen über 3800 m Höhe lebt, z.B. in der Pampa Galeras (Dep. Ayacucho). Am 24. und 25 Juni werden die Tiere dort während des *Festival internacional de la Vicuña y Chaccu* (Insider Tipp) geschoren. Alle Lamas, inklusive der selten gewordenen Guanakos, gehören zu den Kamelen. Infos über die Tiere und ihre Wolle: *www.incalpaca.com*

> STADT DER KÖNIGE

Nicht nur die von der Unesco zum Welterbe erklärte historische Altstadt lohnt einen längeren Aufenthalt in der Metropole Perus

KARTE IN DER HINTEREN UMSCHLAGKLAPPE

> [136 B6] Wer nach Lima fliegt, landet in der schmuddeligen, ehemals eigenständigen Hafenstadt *Callao,* die mit ihren rund 600 000 Einwohnern längst in den Millionenmoloch Lima eingemeindet wurde.

Wenn Ankommende trotzdem von den Taxifahrern gefragt werden, ob sie nach „Lima“ wollen, dann meinen sie damit nur das historische Zentrum der 8,5-Mio.-Metropole. Die meisten Besucher von Perus Hauptstadt wohnen in Miraflores, San Isidro oder Barranco. Diese Stadtteile liegen auf dem Weg ins Centro am Steilufer des *Circuito de Playas* und der *Costa Verde,* das seit 2009 zu einer kilometerlangen Strandpromenade ausgebaut wird. Rechts rollen die Wellen des Pazifiks, links erhebt sich die teils begrünte Steilküste. Von Mai bis September hüllt dazu der Winternebel

Bild: Bibliothek des Convento San Francisco

LIMA

garúa alles in nieseligen, grauen Dunst. Doch die Ankunft in Barranco oder Miraflores versöhnt Sie mit der Stadt: Hübsche Villen und gepflegte Grünanlagen wie der *Parque de Amor* (Park der Liebe) und der Park für die deutsche Forscherin Maria Reiche am *Malecón Cisneros* bieten ein schönes Bild.

Noch schicker wird es dann in *San Isidro,* das schon auf halbem Weg „nach Lima" – der Altstadt – liegt. Die Anfahrt erfolgt über die vierspurige *Avenida Arequipa,* die in der Mitte Palmen und andere Zierbäume schmücken, oder über den benachbarten *Paseo de la República.* Schon ist der Betonturm des Sheraton-Hotels zu sehen. Er ist der Vorbote der Innenstadt, die mit gewaltigen Radialstraßen und Sternplätzen aus dem 18. und 19. Jh. wie z.B. der *Plaza Bolognesi* und der *Plaza San Martín* in aufgeräumter Pracht überrascht.

Das teilweise restaurierte Zentrum erstrahlt fast wieder in altem Glanz, so wie in seinen besten Zeiten, als es in Lima die erste Universität, das erste Theater und die erste Druckerei Südamerikas gab. Die zentrale *Plaza de Armas* ist nach neuspanischer Manier der von den bedeutendsten Gebäuden gerahmte Mittelpunkt einer rasterförmigen Stadtanlage. In Lima nennt man sie in Anspielung auf die hier einst flanierenden Edeldamen auch kokett *Damero de Pizarro* (Damespielbrett des Pizarro). Im Rücken liegt der Bahnhof mit den Gleisen neben dem Flussbett des *Río Rímac.* Er gab der Stadt ihren bis heute gültigen Namen: Aus Rimac wurde Lima. Zu Anfang hieß Lima *Ciudad de los Reyes,* „Stadt der Könige".

Barrios Altos und das *Barrio Chino* waren seit je her die Treffpunkte der Intellektuellen und Künstler, das Refugium der kreolischen Boheme. Die bedeutendsten Gebäude sind hier die *Quinta Heeren* und die *Casa de las Trece Monedas* mit ihrer hübschen Plaza. Im Barrio Chino kann man in Salons Tee trinken, gut in den chinesischen Restaurants, den *chifas*, speisen – und sich die Zukunft weissagen lassen.

Die doppeltürmige Kathedrale beherrscht Limas Plaza de Armas

Ein Tipp: Auf der Rundfahrt mit einem *Mirabus* (Aussichtsbus) lernt man alle Highlights der Stadt kennen *(tgl. 9–19 Uhr ab Infohäuschen im Parque Kennedy | Preise je nach Tourlänge | www.mirabusperu.com).* Insider Tipp

Und noch ein Tipp: Seit Mitte 2008 wartet Lima mit dem größten

Insider Tipp Innenstadt-Fontänenpark auf: *El Circuito Mágico del Agua (Eintritt S/. 4 | Öffnungszeiten variieren)*. Es erwartet Sie eine Welt aus Wasser, Farben und Musik!

SEHENSWERTES

Die Öffnungszeiten bei Kirchen können stark variieren, besonders zu kirchlichen Festen; auch werden Touristen oft nicht zu Messen eingelassen.

CASA DE OQUENDO/ PALACIO DE OSAMBELA [U C2–3]

Schöne Holzbalkone schmücken dieses große Privathaus von 1807, das man auch von Innen besichtigen kann. *Jr. Conde de Superunda 298 | Mo–Fr 9–13, 14–17 Uhr | Eintritt frei, aber eine kleine Spende wird erwartet*

IGLESIA SAN AGUSTÍN [U C3]

Hinter der spätbarocken Fassade der Kirche (17. Jh.) verbirgt sich ein schlichtes Inneres mit sehenswerter Mudéjar-Decke. *Jr. Ica, Cuadra 2/ Camaná | tgl. 8–12, 16.30–19 Uhr*

IGLESIA SAN PEDRO [U D4]

Die besterhaltene koloniale Kirche, 1638 von Jesuiten erbaut. Sie überstand alle Erdbeben. Besonders sehenswert ist die üppig ausgemalte Decke der Sakristei. Insider Tipp *Jr. Ucayali/ Azángaro | tgl. 7–13, 17–20 Uhr*

IGLESIA Y CONVENTO LA MERCED [U C4]

Die Kirche wurde vor der Gründung Limas 1534 erbaut; grandioses Portal aus dem 18. Jh. Im Kloster sind Szenen des Ordensgründers San Pedro Nolasco zu sehen. *Jr. de la Unión, Cuadra 6 | tgl. 10–17 Uhr*

IGLESIA Y CONVENTO SAN FRANCISCO ★ [U D3]

Schon der Klosterkreuzgang mit Kachelbildern aus Sevilla, die das Leben des hl. Franziskus darstellen, ist sehenswert. Die Attraktion des 1657–87 erbauten Klosters aber sind die 1951 entdeckten Katakomben (nur mit Führung zugänglich), wo bis 1808 Zigtausende von Toten bestattet wurden, und die Bibliothek des Klosters mit ihren 25 000 Bänden. Die Unesco erklärte das Kloster mit der stuckgeschmückten Kirche und ihrem kostbaren Chorgestühl zum Welterbe. *Jr. Ancash, Cuadra 4 | tgl. 9.30–17.30 Uhr | Eintritt 7 S/. (inkl. Katakomben) | www.museocatacumbas.com*

MARCO POLO HIGHLIGHTS

★ **Museo de Oro y de Armas del Mundo**
Eine einzigartige Fundgrube präkolumbischer Schätze (Seite 35)

★ **Catedral de Lima**
In der Kathedrale ruhen die Gebeine von Francisco Pizarro (Seite 36)

★ **Ciudad Sagrada de Caral**
Die älteste städtische Zivilisation Amerikas (Seite 40)

★ **Iglesia y Convento San Francisco**
Finstere Katakomben und eine riesige Bibliothek erzählen Geschichte (Seite 33)

IGLESIA Y CONVENTO SANTO DOMINGO [U C3]
Die Kirche wurde 1599 unter dem Dominikaner de Valverde errichtet, der Pizarro bei der Gefangennahme Atahualpas geholfen hatte. Schön ist das Kloster mit Kreuzgängen und Kacheln aus Sevilla. Unter dem prunkvollen Kapitelsaal des Klosters ruht Isabel Flores de Oliva, die 1671 als Santa Rosa zur ersten Heiligen des Kontinents wurde. Sie soll drei Jahre bis zu ihrem Tod in freiwilliger Askese in einer Zelle gelebt haben. *Jr. de Superunda/Camaná | Mo–Sa 9 bis 13, nachmittags Kirche nur 17–19.30, Konvent 15–18 Uhr | Eintritt 5 S/.*

Museo Larco: Keramikkopf der Moche-Kultur

MUSEO AMANO [O] Insider Tipp
Faszinierende Sammlung kostbarer präkolumbischer Stoffe und Keramiken der Paracas-, Nazca-, Chimú- und Chancay-Kulturen aus dem Besitz des japanischen Geschäftsmanns Yoshitaro Amano (1898–1982), der 1951 nach Lima kam. *Calle Retiro 160, Miraflores | nur nach Voranmeldung, Führungen 14, 15, 16 und 17 Uhr | Tel. 01/441 29 09 | Eintritt frei | http://museosenelperu.galeon.com*

MUSEO DE ARTE DE LIMA [U B6]
Kunst aus allen Epochen bis in die Gegenwart: von goldenen Fetischen bis zur Schule von Cuzco, von den Vertretern des *indígenismo* bis zu moderner Kunst. *Paseo Colón 125, Centro | Di–So 10–20, Sa bis 17 Uhr | Eintritt 12 S/. | www.mali.pe*

MUSEO LARCO [O]
Nach Restaurierung 2010 präsentiert sich das private Museum jetzt sogar mit deutschsprachigen Beschriftungstafeln. Im Hauptgebäude sind Modelle von Grabanlagen, Mumien und Schmuckstücke präkolumbischer Kulturen zu sehen, u. a. der goldene Brustpanzer eines Chimú-Häuptlings. Im Archiv stapeln sich die Keramikfunde, und im Nebengebäude sind erotische Keramiken der Moche-Kultur untergebracht. Insider Tipp *Av. Bolívar 1515, Pueblo Libre | tgl. 9–18 Uhr | Eintritt 30 S/. | www.museolarco.org*

Insider Tipp

MUSEO MANOS PERUANAS [O]

Keramiken, Webwaren, Schnitzereien: Feinstes peruanisches Kunsthandwerk aus den Raymisa-Werkstätten ist hier wie in einer großen Vitrine zu bewundern. *Jr. Comandante Juan Moore 199, Miraflores | Mo–Fr 9–13, 14–18, Sa 9–13 Uhr | Eintritt frei | www.raymisa.com/grupointi*

MUSEO DE LA NACIÓN [O]

Auf drei Stockwerken gibt das Nationalmuseum den am besten aufbereiteten Überblick über die alten peruanischen Kulturen. Überwiegend Keramiken und Textilien. *Av. Javier Prado Oeste 2466, San Borja | Di–So 9–17 Uhr | Eintritt 6,50 S/.*

MUSEO NACIONAL DE ANTROPOLOGÍA Y ARQUEOLOGÍA/MUSEO NACIONAL DE HISTORIA [O]

In großen Sälen und Schauvitrinen wandern Sie durch alle Epochen; hier sind auch die berühmten gekreuzten Hände von Kotosh und der Originalobelisk Tello aus Chavín zu sehen. Angegliedert ist das *Museo Nacional de Historia,* wo Gemälde und Möbel einen guten Eindruck vom fürstlichen Lebensstil der Kolonialzeit vermitteln. *Plaza Bolívar, Pueblo Libre | http://museonacional.perucultural.org.pe | Di–Sa 9.30–17, So 9–16 Uhr | Eintritt 15 S/.*

Insider Tipp

MUSEO DE ORO Y DE ARMAS DEL MUNDO ★ [O]

Goldene Kronen, Brustketten oder Zeremonienmesser *(tumi)* der verschiedensten altperuanischen Kulturen sind zu sehen, darunter das berühmte *tumi* aus Lambayeque. Webwaren der Paracas dokumentieren die Kunstfertigkeit dieser Kultur. Im Erdgeschoss zeigt das *Museo de Armas del Mundo* (Museum der Waffen der Welt) u. a. koloniale Waffen, Rüstungen und Gemälde. *Av. Alonso de la Molina 1100, Monterico | tgl. 11.30–19 Uhr | Eintritt 33 S/. | www.museoroperu. com.pe*

PALACIO TORRE TAGLE [U D4]

Der Prunkbau wurde 1735 für den ehemaligen Schatzmeister Marquis de Torre Tagle erbaut In dem wunderschön restaurierten Palast mit den typischen Holzbalkonen ist heute das peruanische Außenministerium *(www.rree.gob.pe)* untergebracht. *Jr. Ucayali 318*

PARQUE DE LA CULTURA [U B6]

Ein wunderbarer Platz, um zu verschnaufen und Leute zu beobachten. Der Park, auch Gran Parque de Lima genannt, wurde 2000 angelegt: u. a. mit japanischem Garten und Wasserflächen. *Paseo Colón 125*

PLAZA DE ARMAS [U C–D3]

Der zentrale Platz war von Beginn an das Regierungszentrum. Francisco Pizarro soll ihn 1535, im Gründungsjahr der Stadt, mit seinem Degen und seinem Blut umrissen haben. Sein Denkmal, das den Platz früher zierte, steht jetzt neben der Iglesia San Francisco. An der Stirnseite des Platzes erhebt sich der erst 1938 anstelle des alten Pizarro-Palasts erbaute *Palacio de Gobierno* (Regierungspalast) mit seinen Wachen (Ablösung tgl. 11.45 Uhr). Eine Besichtigung lässt sich am einfachsten mit *Lima-Tours (Jr. De la Unión 1040 | Tel. 01/6196900| www.limatours.com.pe)* realisieren.

Insider Tipp

Tipp: Direkt neben dem Regierungspalast finden Sie *El Cordano*, eine der ältesten Kneipen Limas; selbst der Präsident verbringt hier gelegentlich seine Mittagspause!

Blickfang an der Plaza sind die schönen hölzernen Balkone des restaurierten *Palacio de Arzobispo* (erzbischöflicher Palast). Flankiert von der kleinen *Iglesia el Sagrado,* erhebt sich daneben die prachtvolle, 1555 erbaute und nach mehreren Erdbeben 1746 erneuerte ★ *Catedral de Lima (Mo–Fr 9–17, Sa 10–13 Uhr | Eintritt 10 S/.).* Die Gebeine von Francisco Pizarro sollen gleich rechts vom Eingang unter einem schlafenden Löwen ruhen. Ein Museum für religiöse Kunst findet sich links vom Hauptaltar.

ESSEN & TRINKEN

Insider Tipp

LAS BRUJAS DE CACHICHE [O]

Gute peruanische Hausmannskost von *ceviche mixto* bis *mazamorra* (gelatinehaltige Beerensüßspeise mit Ananas und anderen Früchten). *So abends geschl. | Bolognesi 460, Miraflores | Tel. 01/447 18 83 | www.brujasdecachiche.com.pe* | €€€

CAFÉ CAFÉ ▶▶ [O]

Liebster Treffpunkt der in Miraflores heimischen Ausländer; guter Kaffee, Snacks. *Tgl. | Mártir Olaya 250, Miraflores | Tel. 01/445 11 65* | €–€€

COSTA VERDE ▶▶ [O]

Das lukullische Riesenbüfett kam schon ins Guinnessbuch der Rekorde, und über die Feiern der Schickeria in diesem direkt am Meer erbauten Restaurant berichten die Klatschmagazine seitenweise. *Tgl. | Playa Barranquito | Tel. 01/477 21 72* | €€€

DUZKA [O]

Restaurant in der Nähe des Goldmuseums; für 5 US $ gibt's hier eine reiche Auswahl an Pasta, und man kann so viel essen, wie man möchte. *Tgl. | Av. Encalada 880, Monterico | Tel. 01/435 66 01* | €–€€

Insider Tipp

L'EAU VIVE [U D4]

Dieses von Nonnen geführte Restaurant ist mit seinem altmodisch-kolonialen Flair ein beliebter Treffpunkt von Intellektuellen wie von Geschäftsleuten. Günstige Tagesmenüs. *So geschl. | Jirón Ucayali 370 (gegenüber vom Palacio Torre Tagle) | Tel. 01/427 56 12* | €€

Insider Tipp

PANADERÍA SAN ANTONIO [O]

Leckere Kuchen und Süßspeisen, aber auch die frischen Salate haben diese mehrfach in Lima vertretene Bäckerei zum In-Treff bei Einheimischen und Touristen gemacht. *Tgl. | Miraflores: Av. Angamos 1494 und Vazco Nuñez de Balboa 770* | €–€€

RINCÓN GAUCHO [O]

Beste Adresse für Steakliebhaber; dazu eine große Auswahl an würzigen Saucen. *So nur bis 18 Uhr | Armendáriz 580, Miraflores | Tel. 01/447 47 78* | €€–€€€

ROSA NÁUTICA [O]

Im Stil alter Seebrücken erbautes Restaurant, gastronomisch und atmosphärisch eines der besten. Reservieren! *Tgl. | Espigón 4, Ernesto, Miraflores | Tel. 01/447 00 57 | www.larosanautica.com* | €€€

EL SEÑORÍO DE SULCO [O]
Tacu tacu, ceviche mixto, mazamorra und andere peruanische Spezialitäten kann man hier am Büfett auswählen. Angenehme Atmosphäre, grandioser Blick auf die Küste. *Fr und So abends geschl.* | *Malecón Cisneros 1470, Miraflores* | *Tel. 01/4410389* | *www.senoriodesulco.com* | €€€

LARCOMAR [O]
Shopping- und Vergnügungskomplex mit Blick aufs Meer; von hier aus kann man den Gleitschirmfliegern zuschauen, die ganz in der Nähe starten. Viele Geschäfte (u.a. *Alpaka 111*), Restaurants, Bars, Cafés, Kinos, eine Bowlingbahn und ein Theater – *der* Vergnügungskomplex der Limeños mit dem etwas dickeren Geldbeutel. *Malecón Cisneros, Miraflores*

Insider Tipp

Auf Stelzen im Wasser: Restaurant Rosa Náutica mit Traumblick

EINKAUFEN

Viele Geschäfte und Boutiquen liegen in der *Avenida José Pardo* und *Av. José Larco*. Die Einkaufsstraßen im Centro sind die *Jirón de la Unión* (Fußgängerzone) und die *Avenida Nicolás de Piérola* (auch *La Colmena*, „der Bienenstock“, genannt). Souvenirjäger werden eher auf dem *Mercado Indio* an der *Av. Petit Thouars* und in den umliegenden Läden fündig.

ÜBERNACHTEN

CASA ANDINA CLASSIC MIRAFLORES SAN ANTONIO [O]
Angenehmes Mittelklassehotel mit gutem Frühstücksbüfett. *49 Zi.* | *Av. 28 de Julio 1088, Miraflores* | *Tel. 01/241 40 50* | *www.casa-andina.com* | €€

DOUBLETREE EL PARDO BY HILTON [O]
5-Sterne-Hotel im Herzen von Miraflores; schöne, geräumige Zimmer; Pool mit tollem Panoramablick im Obergeschoss. *144 Zi. | Jr. Independencia 141, Miraflores | Tel. 01/6171000 | http://doubletree1.hilton.com* | €€€

GRAN HOTEL BOLÍVAR [U C4]
Grandhotel alter Schule, erbaut 1924; ansprechend restauriert und voller Atmosphäre. *272 Zi. | Jr. de la Unión 958 | Tel. 01/6197171 | www.granhotelbolivar.com.pe* | €€–€€€

> LOW BUDGET

- Nach Museumsbesuch oder Shoppen zur günstigen Cocktail Happy Hour? Da sind Sie in der Bar *Media Naranja Brasileiro* von 16–18 Uhr *(Mo–Fr)* genau richtig *(Av. Shell, direkt gegenüber vom Eingang zum Park von Miraflores).*
- Auf Mittagsmenüs achten: Selbst im touristischen Miraflores gibt es rund um den Parque Kennedy preisewertes, qualitativ hochwertiges Mittagessen, z.B. in der *Calle Berlin.*
- Kostenloses Spektakel: Im Amphitheater im *Parque Kennedy* tragen freitags ab 19 Uhr Peruaner jeden Alters Gedichte vor. Und danach gibt es Musik und Tanz.
- Sie gehen gerne schick aus? Wie wäre es da mit einem maßgeschneiderten Anzug oder einem Abendkleid für wenig Geld? In der *Av. Brasil cuadra 11* im Stadtteil Jesús María haben Sie die große Auswahl an Schneidern!

LOKI [O] Insider Tipp
Jüngste Ausgabe von Perus beliebter Herbergskette, nur vier Blocks vom Parque Kennedy in Miraflores entfernt. Gemeinschaftsraum, Bar, Flughafen-Pick-up. *75 Betten | José Galvez 576, Miraflores | Tel. 01/6512966 | www.lokihostel.com* | €

MIRAFLORES PARK HOTEL [O]
Hier haben Sie einen Traumblick auf den Pazifik, dazu gibt's modernsten 5-Sterne-Komfort. Ein Haus der Orient-Express-Hotels *Trains & Cruises. 82 Suiten | Av. Malecón de la Reserva 1035, Miraflores | Tel. 01/6104000 | www.miraflorespark.com* | €€€

SONESTA POSADAS DEL INCA MIRAFLORES [O]
Die erschwingliche Sonesta-Klasse, modern, bequem, funktionell, mitten in Miraflores gelegen; alle 28 Zimmer mit Klimaanlage, Zugang zu Fitnessstudio. *Jr. Alcanfores 329, Miraflores | Tel. 01/241 76 88 | www.sonesta.com* | €€–€€€

HOSTAL TORREBLANCA [O]
Gemütliches kleines Stadthotel zwischen Malecón und Av. José Pardo. *30 Zi. | Av. José Pardo 1453, 2do. Ovalo, Miraflores | Tel. 01/447 01 42 oder 242 18 76 | www.torreblancaperu.com* | €

HOSTAL WENHY'S INN [O]
Funktionales Stadthotel an der Hauptverkehrsstraße zwischen Centro und Miraflores. *65 Zi. mit Bad und TV. | Av. Arequipa 1418 | Tel. 01/4729171 | hostal_wenhys@hotmail.com* | €

FREIZEIT & SPORT

STIERKAMPF [U E2]

Sie steht schon rund 400 Jahre: die Stierkampfarena Rímac. Stierkampf ist traditionell das größte gesellschaftliche Ereignis, über das die Zeitungen ab Saisonbeginn (Mitte Okt.) groß berichten. *Plaza de Acho*

STRÄNDE [0]

Der *Circuito de Playas* unterhalb der Steilküste zwischen Callao und dem Abschnitt *Costa Verde* (unterhalb von Miraflores) wird zwar zurzeit mit einer neuen Promenade aufgepeppt. Die besseren Strände beginnen aber hinter Costa Verde: *Playa Sombrillas* und *Playa Los Pescadores* beim Regattaklub. Sehr beliebt sind die stadtnahen Strände *El Silencio, Punta Hermosa, Señoritas y Caballeros, Cerros Azul*. Zum Feiern zieht es die Limeños im Sommer an den Strandabschnitt *Asia*. Badesaison ist Dezember bis März, die Wasserqualität wird angezeigt.

VERANSTALTER

Insider Tipp

ANDEAN VENTURE

Ob Sie Urlaub auf peruanischen Bauernhöfen planen oder eine Rundreise mit dem Mietwagen: Die Deutsche Sandra Wolf von *Andean Venture* in Lima (mit Partnerbüro in La Paz/Bolivien) verfügt über beste Kontakte und stellt Wunschreisen zusammen. Anfragen per Mail: sandra.wolf@andeanventure.com | *www.andeanventure.com*

AM ABEND

BODEGA BAR JUANITOS ▶▶ [0]

Immer gut besuchte, urige Kneipe für Jung und Alt, direkt an der Plaza von Barranco, oft Livemusik. Spezialität: *butifarra* (leckere Semmel mit Schinken, Zwiebeln, Limettensaft und Ají). *Tgl. ab 11 Uhr | Av. Grau 274, Barranco | Tel. 01/949 61 76*

Wellenreiter an der Küste bei Lima

NUEVO KIMBARA INTERNACIONAL ▶▶ [0]

Salsa, Merengue, Son und afroperuanische Specials – in diesem „Salsadrom“ trifft sich halb Lima, um mal richtig abzutanzen. *Fr–So 19–4.30 Uhr | Eintritt 10–25 S/. | Av. Iquitos 1101, La Victoria | Tel. 01/265 58 31 | www.kimbarainterna cional.com*

LA NOCHE [0]
Täglich Livekonzerte lokaler Gruppen. Besonders zu empfehlen sind die Jazzabende: jeden Montag ab 23 Uhr bei freiem Eintritt. *Bolognesi 307, Barranco | Tel. 01/247 21 86 | www.lanoche.com.pe*

SACHÚN [0]
Zu der aufwendigen Folkloreshow wird ein gutes, peruanisches Dinner serviert. *Di–Sa ab 20.30 Uhr | Eintritt Di–Do 20, Fr/Sa 30 S/. | Av. del Ejército 657, Miraflores | Tel. 01/ 441 01 23*

AUSKUNFT

(I) PERÚ
– am Flughafen: tgl. 24 Std. | Tel./ Fax 01/574 80 00
– San Isidro: Jorge Basadre 610 | Tel./Fax 01/ 421 12 27
– Larcomar: Módulo 14, Plaza Gourmet | Tel./Fax 01/445 94 00. E-Mail für alle: iperulima@promperu.gob.pe

ZIELE IN DER UMGEBUNG

CIUDAD SAGRADA DE CARAL ★ [136 A5]
Radiokarbonuntersuchungen brachten 2001 Gewissheit: Die peruanische Archäologin Ruth Shady Solís hatte Anfang der 1990er-Jahre die älteste städtische Zivilisation Südamerikas gefunden, datierbar auf 2627 v. Chr. Inzwischen sind etliche Gebäude restauriert. Gut erkennbar sind der zeremonielle Herrschaftsbezirk mit sechs Pyramiden und Amphitheater sowie die Aufteilung in Ober- und Unterstadt. *Tgl. 9–17 Uhr | an der Cruce Caral-Ambar, Panamericana Norte, bei km 184 rechts (noch*

> BÜCHER & FILME

Realität und Fiktion in Geschichte und Gegenwart

- **Machu Picchu, Die legendäre Entdeckungsreise im Land der Inka** – Das Buch vom Entdecker Hiram Bingham persönlich, 2007 in deutscher Übersetzung erschienen, ist eine gute Einstimmung.
- **Der Geschichtenerzähler** – Mario Vargas Llosa setzt sich in diesem Buch mit dem Verschwinden der Amazonasvölker und ihrer Kulturen auseinander.
- **Meine Reise nach Peru** – Der autobiografische Reisebericht der französischen Frauenrechtlerin und Sozialistin Flora Tristán (1803–44) bietet wunderbare Einblicke in das postkoloniale Peru des 19. Jhs.
- **Devil's Miner – der Berg des Teufels** – Der Film (USA/Deutschland, 2004) gibt Einblicke in die harte Wirklichkeit der Kinderarbeit in den Minen des Cerro Rico von Potosí.
- **Sturz ins Leere** – Berührender Film (GB 2003), der den Überlebenskampf von Joe Simpson nach einem Sturz in eine Gletscherspalte am Siula Grande (6356 m) in Peru festhält.
- **Aguirre, der Zorn Gottes/Fitzcarraldo** – Klassiker nicht nur für Klaus-Kinski-Fans sind diese beiden Filme (1972 bzw. 1981) von Werner Herzog, die das Aufeinanderprallen der Kulturen von Alter und Neuer Welt zum Thema haben.

23 km) | Ausflüge ab 80 S/. | www.caralpe ru.gob.pe

HUANCAYO [136 C6]

Hier ist nicht der Ort, sondern der Weg das Ziel: Die Bahnfahrt vom Bahnhof Desamparados in Lima nach Huancayo ist die wohl spektakulärste im Land. Durch 67 Tunnel und über 54 Brücken geht's steil in die Anden hinein. Die höchste Stelle, der 4758 m hohe Pass bei Ticlio, ist nach 160 km erreicht. Danach geht's wieder etwas abwärts, über Oroya nach Huancayo (3250 m). Der Zug fährt nur zu bestimmten Terminen, vor allem an verlängerten Wochenenden. Die Tickets (ab ca. 178 S/. hin und zurück) kann man online mit VISA-Kreditkarte kaufen unter *www.ferrocarrilcentral.com.pe/ticket.html*. Fahrtdauer ca. 12 Std. Mehr Infos: *Ferrovías Central Andina S.A. | Av. José Galvez Barrenechea 566, 5. Stock, San Isidro | Tel. 01/2266363 | www.ferroviasperu.com.pe*

Tipp für Ausflüge in Huancayo: Peruanisch-deutsche Reiseagentur *In den Anden Tours & Trek (Jr. Ancas 367, 2. Stock. | Tel. 064/226933 | www.indenanden.de)*.

Insider Tipp INSELN [136 B6]

Eine nette Abwechslung ist ein Ausflug mit einer Yacht auf die Lima vorgelagerten Inseln *Isla San Lorenzo, El Frontón*, die Guanoinseln *Cabinzas* und die *Islas Palomino*. Zu sehen gibt es Seevögel und auf den Islas Palomino sogar Seelöwen. *30 US $ | Dauer ca. 4 Std. | Start an der Plaza Grau in Callao. Anmeldung (ein Tag vorher): Ecocruceros, Av. Arequipa 4964, Büro 202, Miraflores | Tel. 01/242 66 55 | www.ecocruceros.com*

PACHACAMAC [136 B6]

In der 31 km südlich von Lima im Tal des Río Lurín gelegenen Stätte suchten die Menschen schon vor der Inkazeit den Rat von Pachacamac, dem Schöpfer und Orakel der Welt. Vermutlich existiert das Heiligtum seit Beginn unserer Zeitrechnung. Vom Zeremonienzentrum sind noch die 80 m hohe Stufenpyramide und Reste des Hauses der Sonnenjungfrauen *(Casa de las Mamaconas)* zu sehen. Das wertvollste Stück im Museum *(tgl. 9–17 Uhr)* ist der Holzstab mit der Darstellung von Pachacamac. *Anfahrt über Panamericana Sur | http://pachacamac.perucultural.org.pe*

Auf den Inseln vor Lima brüten auch Blaufußtölpel

> PANORAMEN UND PYRAMIDEN

Zwischen den schneebedeckten Gipfeln der Anden und der nördlichen Pazifikküste breitet sich ein großartiger Natur- und Kulturraum aus

> Der höchste Berg, die älteste Kultur, die größte präkolumbische Stadt – in den Norden von Peru locken einige Superlative. Hier erhebt sich der 6768 m hohe Huascarán aus dem gleichnamigen Nationalpark, hier liegt der düstere, über 2000 Jahre alte Tempel von Chavín de Huantar und hier breitet sich Chan Chan, die Stadt der Chimú, aus, in der zu vorinkaischer Zeit 100 000 Menschen lebten.

Aber im Norden gibt es noch mehr zu sehen: die wunderschönen Kolonialstädte Cajamarca und Trujillo zum Beispiel. Die eine liegt in den Bergen und war einst Schauplatz der Hinrichtung Atahualpas. Die andere breitet sich an der trockenen Küste aus, besitzt die farbenprächtigste Altstadt Perus und mit Chan-Chan die einst größte präkolumbische Stadt in unmittelbarer Nachbarschaft. Schließlich lohnt die Küste noch einen Ausflug nordwärts nach Chiclayo wegen der großartigen archäologischen Se-

Bild: Nationalpark Huascarán

NORDPERU

henswürdigkeiten der Umgebung. So mancher wird sich angesichts des Tals der Pyramiden in Túcume an Ägypten erinnert fühlen. Und das Museum der Königlichen Gräber des vor 2000 Jahren verstorbenen Fürsten von Sipán wird für viele ein Highlight der Peru-Reise sein. Im Norden wandeln Sie abseits ausgetretener Pfade, denn die Attraktionen hier stehen noch im Schatten der touristischen Musts wie Cuzco und Machu Picchu.

CAJAMARCA

[134 C4–5] **Die schöne Kolonialstadt (144 000 Ew.), Hauptstadt des gleichnamigen Departments, liegt in ländlicher Abgeschiedenheit auf einer 2750 m hohen, sonnigen Andenterrasse.** Besucher zieht es nicht nur hierher, um durch die engen Straßen zu schlendern, die alten Kolonialhäuser und den eigenwilligen Mestizenstil der Kirchen zu bewundern und auf der heute hübsch

Im Cuarto del Rescate wurde Atahualpa seinerzeit gefangen gehalten

begrünten *Plaza de Armas* mit dem 350 Jahre alten Brunnen der dramatischen Hinrichtung des letzten Inkaherrschers Atahualpa zu gedenken. Hier starten auch die Ausflüge über den Andenkamm zu den geheimnisvollen „Nebelmenschen" von Chachapoyas in Amazonien.

Cajamarca ist ein uralter Siedlungsraum. Früh kamen Siedler aus Chavín und später von der Küste (Chimú), die ihre Spuren vor allem im so genannten *Cajamarca*-Keramikstil hinterließen. Ihre Toten begruben sie vor 1400 Jahren in fensterförmigen Felsnischen. Aus der folgenden Inkazeit erhalten blieb der Platz, an dem Atahualpa die Tributleistungen seiner Untertanen entgegengenommen haben soll: der *Silla del Inca* (Thron des Inka) auf dem Cerro Santa Apolonía.

Cajamarca gilt als das „peruanische Allgäu". Ländlicher Tourismus wie Besuche von Käsereien, z.B. der schweizerischen *Tres Molinas,* oder von Vieh-Haciendas, wie z.B. *La Collpa,* sind sehr beliebt.

SEHENSWERTES

CONJUNTO MONUMENTAL BELÉN

Zur eleganten Fassade passt die prachtvolle Innenausstattung. Sehenswert auch die ehemaligen Hospitalräume aus der Kolonialzeit. *Jr. Belén | Mo–Sa 9–13, 15–18, So 9 bis 13 Uhr | Eintritt 5 S/. (Ticket gilt auch für den Cuarto del Rescate)*

CUARTO DEL RESCATE

Die 6 x 10 m große Original-Gefängniszelle des Atahualpa ließ der Inka randvoll mit Schätzen im heutigen Wert von 90 Mio. Euro füllen, um sein Leben zu retten: Die rote Linie, bis zu der die Schätze angeblich angehäuft wurden, malte man später auf. *Av. Jr. Amalia Puga 750 | Mo–Sa 9–13, 15–18, So 9–13 Uhr | Eintritt 5 S/. (Ticket gilt auch für den Conjunto Monumental Belén)*

IGLESIA Y CONVENTO SAN FRANCISCO/ CAPILLA DE LA DOLOROSA

Im Innern übertrifft die Kirche die Kathedrale noch an Glanz; im Kloster ist ein *Museum für religiöse Kolo-*

nialkunst untergebracht. In der *Capilla de La Dolorosa* (rechts neben der Kirche) überziehen filigrane Steinmetzarbeiten Säulen, Wände und Decken. *Plaza de Armas | Mo bis Fr 9–12, 16–18 Uhr | Eintritt 3 S/.*

KATHEDRALE

Ein Meisterwerk der Steinmetzkunst ist die Fassade mit weinumrankten Säulen und wucherndem Blattwerk. Im Innern der nach 350-jähriger Bauzeit erst 1960 fertiggestellten Kirche sind eine prachtvolle Kanzel und churrigueresken Altäre zu sehen. *Plaza de Armas | tgl. 8–11, 18–21 Uhr | Eintritt frei*

MUSEO ARQUEOLÓGICO HORACIO URTEAGA

Wer sich für die Keramiken der präinkaischen Cajamarca-Kulturen interessiert, kann sich hier einen guten Überblick verschaffen. *Jr. Batán 289 | Mo–Fr 9–12, 14.30–17 Uhr | Eintritt 1 S/. (geführte Besichtigung)*

ESSEN & TRINKEN

EL BATÁN GRAN BUFFET DE ARTE

Schönes, großes Lokal mit Kunstausstellung; gutes *lomo fino* und Schmackhaftes der Region. Fr/Sa Peña-Show. *Tgl., So nur bis 18 Uhr | Jr. del Batán 369 | Tel./Tel. 076/366025 |* €–€€

Insider Tipp

CAFÉ BAR CASCANUEZ

Neben warmen Speisen auch sehr gute Kaffee- und Konditoreispezialitäten. *Sa/So geschl. | Amalia Puga 554 | Tel. 076/366089 |* €€

Insider Tipp

GRAN RESTAURANT EL ZARCO-CAMPESTRE

Die Einheimischen schwören auf die gute Küche: Gefragt sind Suppen und Maisgerichte; auch chinesisches Essen. *Sa geschl. | Jr. Del Batán 170 | Tel. 076/36 34 21 |* €

EINKAUFEN

Typisch für die Region sind wollene Satteltaschen *(alforjas)*, die auf dem Markt *(Amazonas)* oder in Läden *(Calle 2 de Mayo)* angeboten werden. Kunsthandwerksmärkte: *Jr. del Comercio, Jr. 2 de Mayo, Jr. Belén*

ÜBERNACHTEN

COSTA DEL SOL

Insider Tipp

Das beste Haus mit Blick auf den „Tatort" (der Atahualpa-Hinrichtung), gutes Restaurant. *71 Zi. | Jr. Cruz de Piedra 707 (Plaza de Armas) | Tel. 076/343434 | Fax 360826 | www.costadelsolperu.com |* €€

MARCO POLO HIGHLIGHTS

★ Chan Chan
Die größte archäologische Stätte des Kontinents im Wüstensand von Trujillo (Seite 58)

★ Chavín de Huantar
Fast 3000 Jahre alter Tempel hoch in den Anden (Seite 52)

★ Túcume
Wo der Norweger Thor Heyerdahl eine ganze Landschaft voller Pyramiden fand (Seite 50)

★ Museo Tumbas Reales de Sipán
Museumstempel für den „Herrn von Sipán" in Lambayeque (Seite 49)

LAGUNA SECA
Hier kommt Kuratmosphäre auf: Thermalwasser sprudelt direkt in die Zimmerbecken, ein erstklassiges Restaurant sorgt auf andere Weise für das leibliche Wohl der Gäste. Das Haus liegt allerdings 6 km außerhalb in *Baños del Inca. 42 Zi. | Manco Cápac 1098 | Tel. 076/58 43 00 | Fax 58 43 11 | www.lagunaseca.com.pe | €€*

SAN LORENZO
Einfache, aber saubere Herberge mit familiärer Atmosphäre. Die Zimmer bieten Bad und Warmwasser. *22 Zi. | Jr. Amazonas 1070 | Tel. 076/36 29 09 | Fax 36 11 67 | €*

AM ABEND

Insider Tipp
LOS FRAILONES
Bei Einheimischen und Touristen gleichermaßen beliebte angenehme Disko und *Peña. Av. Perú 701 | Peña am Fr und Sa*

ZIELE IN DER UMGEBUNG

BAÑOS DEL INCA [134 C4]
Aus der Zeit der Inka ist nur ein kleiner Teil der Bäder mit dem Namen *Pozo del Inca* erhalten – dennoch kann man sich in der modernisierten dampfenden Anlage gut vorstellen, wie Atahualpa hier die Heilkraft des schwefelhaltigen Wassers genoss. *Anfahrt (6 km) mit Taxi oder Microbus von der Plaza de Armas | tgl. 6 bis 18.30 Uhr | Eintritt 2–5 S/. (je nach Badausstattung), Sauna 8 S/.*

LEIMEBAMBA/CHACHAPOYAS/ KUELAP [134 C4]
Rund 190 km nordöstlich von Cajamarca – über Andenpässe und durch den Marañon Canyon – liegt auf 2210 m Höhe *Leymebamba* (Hoteltipp: *La Casona | Jr. Amazonas 223 | Tel. 041/83 01 06 | €*). Hier starten die Ausflüge zur *Laguna de los Cóndores,* an der 1996 über 200 gut erhaltene Mumien der Chachapoya-Kultur

Cajamarca: Landleben wie in Norddeutschland – eine schwarzbunte Kuh wird gemolken

(ca. 500–1475) gefunden wurden. Ihnen ist das *Mumienmuseum* Leimebambas gewidmet. Weitere Ziele sind der Chachapoya-Militärposten *Macro,* die Sarkophage von *Karajía,* die Nekropolis *Revash* und die Chachapoya-Siedlung *La Congana* sowie *Gocta,* der von dem Deutschen Stefan Ziemendorff entdeckte und mit 771 m dritthöchste Wasserfall der Welt. Etwa auf halbem Weg zum wiederum 150 km weiter und 2230 m hoch gelegenen Bergnebelwaldort *Chachapoyas* (Hoteltipp: *Villa de Paris | Calle principal | Tel. 041/ 79 23 32 | €€*) liegt das imposanteste Monument dieser geheimnisvollen Chachapoya („Wolkenmenschen"): die 1843 wiederentdeckte und auf einem 3000 m hohen Felsplateau gelegene Festungsstadt Insider Tipp *Kuelap.* Leimebamba und Chachapoyas sind von Cajamarca (und Chiclayo) mit *Movil-Tours*-Linienbussen erreichbar.

CUMBE MAYO [134 C5]

Die präinkaische Ruinenanlage der *Cajamarca-Marañón*-Kultur breitet sich rund 20 km südwestlich von Cajamarca in 3400 m Höhe aus. Der Archäologe Julio Tello fand hier einen 9 km langen Bewässerungskanal mit Gefälle, der zum Teil durch Tunnelabschnitte führt. Ritzmotive lassen auf eine Beziehung zur Chavín-Kultur schließen. *Anfahrt mit Taxi ca. 1 Std. oder vierstündiger Ausflug mit einer der Agenturen an der Plaza de Armas (ab ca. 25 S/.).*

VENTANILLAS DE OTUZCO [134 C4]

Die rund 1400 Jahre alte Nekropole liegt nur 8 km nordöstlich von Cajamarca. Die in den Fels gehauenen Grabkammern (*ventanillas* bedeutet Fensterchen) geben ihr schon von weitem ein gespenstisches Gepräge. *Tgl. 9–17 Uhr | Eintritt 5 S/. | geführte Touren ab Plaza de Armas*

CHICLAYO

[134 B4] Das pulsierende, kleine Zentrum mit seinen oft verstopften Straßen, zahlreichen kleinen Hotels, Imbissstuben und Spielhallen lässt es schon erahnen: Chiclayo, das 770 km nördlich von Lima an der Panamericana liegt, ist eine Arbeiter- und Handelsstadt. In der Hauptstadt des Departments Lambayeque leben heute rund 634 000 Einwohner. Ihren Aufschwung verdankt die Stadt einer expandierenden Agrarwirtschaft (u. a. Zuckerrohr, Bananen, Reis, Baumwolle) und der Nähe zu Ecuador, die sie zu einem wichtigen Brückenkopf im Handel zwischen diesen beiden Ländern macht.

Die eigentliche Attraktion ist aber die Umgebung: die von Thor Heyerdahl ausgegrabenen Pyramiden von Túcume, das großartige *Museo Tumbas Reales de Sipán* in Lambayeque oder das futuristische *Museo Nacional Sicán* – archäologisch Interessierte werden aus dem Staunen nicht herauskommen. Abwechslung und Erholung von Ruinen- und Gräberbesichtigungen bietet der Strand von *Pimentel* (11 km südl. von Chiclayo).

SEHENSWERTES

MERCADO DE BRUJAS Insider Tipp

Der „Hexenmarkt" hält, was der Name verspricht: Kräuter, Krallen und anderes kurioses, häufig unidentifizierbares Zeug, das gegen Potenzstörungen, Liebeskummer oder bösen Zauber helfen soll, wird hier angeboten. Vorsicht, Taschendiebe! *Calle Arica | Mo–Sa 8–14 Uhr*

ESSEN & TRINKEN

FIESTA

Insider Tipp

Sowohl kulinarisch als auch vom Publikum her la crème de la crème: Der Service ist perfekt, das Essen beste einheimische Küche. Auch Expräsident Fujimori gehörte schon zu den Gästen. *Tgl. | Av. Salaverry 1820 | Tel. 074/ 20 19 70* | €€

HUARALINO

Die gute Gesellschaft speist hier gepflegt in familiärer Atmosphäre. *So abends geschl. | La Libertad 155, Urb. Sta. Victoria | Tel. 074/27 03 30* | €€€

ÜBERNACHTEN

CASA DE LA LUNA

Insider Tipp

Neubau, fern des städtischen Trubels im guten Wohnviertel Patazca; 26 moderne Zimmer mit Bad. *José Bernardo Alcedo 250 | Urb. Patazca | Tel. 074/27 01 56 | www.hotelcasadelaluna.com.pe* | €–€€

Blick ins königliche Grab des „Herrn von Sipán"

COSTA DEL SOL

Heller, freundlicher Neubau mit geräumigen Komfortzimmern (alle mit Klimaanlage, TV, Telefon), Restaurant, Pool mit Jacuzzi und Fitnessraum. *48 Zi. | Av. José Balta 339 | Tel. 074/22 72 72 | www.costadelsol-peru.com* | €–€€

GRAN HOTEL CHICLAYO

Bestes Haus am Platz, ruhig am Park gelegen, und doch ist man zu Fuß schnell im Zentrum. Kasino, Restaurant, Bar, Pool. *129 Zi. | Av. Villareal 115 | Tel. 074/23 49 11 | Fax 22 40 31 | www.granhotelchiclayo.com.pe* | €€€

VERANSTALTER

Insider Tipp

PERUVIAN TREKS & TREASURES

Die wildesten Gegenden Perus macht dieser Spezialist für Archäologie und Naturerlebnis begehbar. Der deutsche Inhaber Roger K. Peter gilt als Pionier im Nordperu-Tourismus. *Av. Elvira García y García 564 | Urb. Los Parques | Tel. 074/607822, Movistar 979870918, Claro 979355532 | www.peruviantrekstreasures.com*

ZIELE IN DER UMGEBUNG

COMPLEJO ARQUEOLÓGICO DE HUACA RAJADA [134 B4]

Originalschauplatz der sensationellen Entdeckung von 1987: Das damals entdeckte Grab des Mochefürsten aus dem 2./3. Jh. ist komplett nachgebildet: Um die prächtig geschmückte Mumie des Fürsten liegen die Mumien zweier Frauen, zweier Krieger, eines Wächters, eines Kindes und eines Hundes. Neu eröffnetes *Platzmuseum* mit der Ausstellung des 2007 entdeckten Moche Kriegspriesters. *35 km südöstlich von Chiclayo | tgl. 8–17 Uhr | Eintritt 7,50 S/.*

FERREÑAFE/SICÁN [134 B4]

Seit in Ferreñafe das futuristische, ausgezeichnet aufbereitete *Museo Nacional Sicán (Plaza de Armas | Di–Sa 9–17 Uhr | Eintritt 8 S/. | http://sican.perucultural.org.pe)* eröffnet wurde, ist der nur 18 km nordöstlich von Chiclayo gelegene kleine Ort Pilgerziel all derer, die vom Glanz der alten Kulturen in dieser Region nicht genug bekommen können. Die Fundstätten, 20 bis 30 m hohe Stufenpyramiden, liegen verstreut im Nationalpark *Bosque de Pomac,* 16 km weiter an der Straße nach Batán Grande. Für die Besichtigung bieten die Führer im Besucherzentrum *(7–16 Uhr)* Transportmöglichkeiten.

LAMBAYEQUE [134 B4]

Hauptattraktion des kleinen, 11 km nördlich von Chiclayo gelegen Ortes sind seine archäologischen Museen. Aber auch die hübsche Kirche aus dem 16. Jh. und die *Casa de la Logia* mit ihrem 89 m langen Balkon *(Ecke Calles Dos de Mayo/San Martín),* dem längsten Perus, lohnen einen Blick.

Von legendärem Ruf ist das *Museo Arqueológico Brüning (tgl. 9–17 Uhr | Eintritt 8 S/.),* das 2008 von der deutschen Regierung renoviert und zum ersten ethnologische Museum Perus wurde. Seinen Namen trägt es nach dem Deutschen Heinrich Brüning, der 1884–1925 in Peru forschte. Benachbart ist das ★ *Museo Tumbas Reales de Sipán*. 5 Mio. US $ ließ sich der Staat den modernen, an Moche-Pyramiden orientierten Neubau für die archäologischen Schätze der Region kosten. Auf drei Stockwerken wird die Hinterlassenschaft der Moche-Kultur gezeigt, vor allem natürlich die z.T. massiv goldenen Funde um den „Herrn von Sipán" und eine Nachbildung des Grabes. *Av. Juan Pablo Vizcardo y Guzmán 895 | Di–So 9–17 Uhr | Eintritt 10 S/.*

TÚCUME/TAL DER PYRAMIDEN ★ **[134 B4]**
Ein kleines Museum am Eingang des Geländes (1 km von Lambayeque) bereitet mit anschaulichen Modellen gut auf den Besuch der Pyramidenstadt im Tal des *Río La Leche* vor, deren Ausgrabungsarbeiten Thor Heyerdahl leitete. Insgesamt wurden 26 zum Teil stark verwitterte, doch in der Form gut erkennbare Adobe-Pyramiden aus der Zeit um 700 gefunden. Die größte, vermutlich das Zeremonialzentrum, ist die *Huaca Larga.* Vom Aussichtsplatz am Heiligen Berg, auf dem früher Menschen geopfert wurden, kann man die gewaltigen Ausmaße der Stadt überschauen. Höhepunkt ist die *Huaca Balsas* mit ihren phantastisch erhaltenen Reliefs. *Av. Federico Villareal 152 | tgl. 8–17 Uhr | Eintritt 7,50 S/. | www.museodesitiotucume. com*

HUARAZ

[136 A4] Das Bergsteiger-Mekka Perus liegt 3090 m über dem Meeresspiegel inmitten der traumhaften Kulisse der schneebedeckten Cordillera Blanca mit ihren scharfkantigen, schneebedeckten 6000er-Gipfeln. Dazu gehört z. B. auch des 5947 m hohen *Alpamayo,* der von Bergsteigern als der schönste Berg der Erde gerühmt wird. Hier erhebt sich auch der mit 6768 m höchste Berg des Landes, der erstmals 1932 bestiegene *Nevado Huascarán.* Er bildet zugleich die westliche Grenze des nach ihm benannten und von der Unesco zum Welterbe erklärten Nationalparks. Zahlreich durchsetzen ihn dunkle Lagunen, auf den Ichú-Wiesen weiden Lamas, und vereinzelt wächst in den Hochtälern auch die größte Bromelie der Welt *(Puya raimondii).* Der Ort lebt von seinem internationalen Publikum. Nach einer Eislawine (1958) und einem schweren Erdbeben (1970) musste er völlig neu erbaut werden. Die Anwesenheit der vielen Traveller, Trekkingtouristen und Bergsteiger aus aller Welt verleiht ihm eine weltoffene Atmosphäre. Huaraz ist Ausgangspunkt für Ausflüge zu den Lagunen von *Llanganuco*, zur Eishöhle auf dem Gletscher *Pastoruri* sowie zur Ruinen-

> NIE ALLEIN INS JENSEITS

Grabfunde belegen Menschenopfer

Das bis zu seiner Entdeckung unberührte Grab eines Moche-Herrschers, des Herrn von Sipán, brachte es an den Tag: Zu den Begräbnisritualen der Moche-Kultur gehörte es, Menschen zu opfern, die dem Verstorbenen zu Lebzeiten lieb und teuer waren. Frauen, sogar Kinder, Krieger und Wächter in den besten Lebensjahren wurden mit ihm beigesetzt, um ihn auf seiner letzten Reise ins Jenseits zu begleiten. Einige Wissenschaftler vermuten, dass viele der gefundenen Toten ihrem Meister sogar freiwillig in den Tod gefolgt sind – als Zeichen ihrer Liebe und Loyalität. Was heute unfassbar erscheint, war freilich für die Menschen damals nur ein kleiner Schritt: von einer Welt in die nächste. Denn man glaubte fest an ein Leben nach dem Tod.

stätte *Chavín de Huántar (Mo geschl.),* die als Wiege vieler peruanischer Kulturen gilt.

SEHENSWERTES

MUSEO ARQUEOLÓGICO DE ANCASH

Steinskulpturen aus Chavín und die größte Monolithensammlung der regionalen Folgekultur Recuay (600 v. Chr.–200 n. Chr.). *Av. Luzuriaga 762 | Di–Sa 9–17, So 9–14 Uhr | Eintritt 5,50 S/. | http://huaraz.com/museo*

ESSEN & TRINKEN

INKA PUB MONTE ROSA

Schweizer Qualitätsküche in gemütlicher Châlet-Atmosphäre. Man spricht auch Deutsch. *Tgl. | Jr. José de la Mar 691 | Tel. 043/421447 | Mobiltel. 691257 | €–€€€*

SIAM DE LOS ANDES

Nur in der Hauptsaison geöffnetes Restaurant mit bester thailändischer Küche und internationaler Atmosphäre. *Tgl., nur abends | Av. Gamarra/Jr. Julián de Morales | Tel. 043/50 91 73 | €€*

ÜBERNACHTEN

ANDINO

Bestes Hotel am Platz, unter Schweizer Leitung. Gutes Restaurant *Chalet Suisse* (€€€), großes Ausflugsprogramm. *60 Zi. | Pedro Cochachín 357, Casilla 24 | Tel. 043/42 16 62 | www.hotelandino.com | €€–€€€*

Insider Tipp OLAZA'S BED & BREAKFAST

Traumhafter Panoramablick beim Frühstück auf der Dachterrasse, viele Extras, gute Agentur. *9 Zi. (mit Bad) | Julio Arguedas 1242 | Tel. 043/42 25 29 | www.olazas.com | €*

Schroff: schneebedeckte Gipfel der Cordillera Blanca

HOSTAL SCHATZI

Stammgäste aus aller Welt fühlen sich seit Jahren in diesem familiären Hostal wohl. *10 Zi. | Simón Bolívar 419 | Tel. 043/42 30 74 | www.schatzihostal.com | €*

SPORT & FREIZEIT

TREKKING/PARQUE NACIONAL HUASCARÁN

In der *Casa de Guías*, dem Bergführerbüro und der Kontaktstelle der *Asociación de Guías de Montaña*, gibt es gute Landkarten, Träger, Koch und Lasttiere (Esel mit Eseltreiber); außerdem werden Satellitentelefone verliehen *(Plaza Ginebra 28*

HUARAZ

Nichts für Amateure: Bergsteiger am Alpamayo

| *Tel. 043/42 18 11* | *tgl. 7–11, 17–23 Uhr* | *www.casadeguias.com.pe).* Eine sehr gute deutschsprachige Trekking- und Bergsteigeragentur ist Insider Tipp Active Peru Travel *(Jr. Amadeo Figueroa 1244, gegenüber der Churup Hostel* | *Tel. 0511/996483655* | *www.activeperu.com).*

AM ABEND

13 BUHOS

Insider Tipp

Lucho, der Besitzer des „13 Eulen" ist eine Kultfigur in Huaraz. Der Bar befindet sich im 2. Stock über der Disko *Makondos* auf der Ecke. *José de la Mar (gegenüber vom El Tambo)*

EL TAMBO

Klassiker bei Urlaubern und Einheimischen. Internationale Hits, Latin Rock. *Mo geschl.* | *José de la Mar 776*

AUSKUNFT

(I) PERU

Pasaje Atusparia (oficina 1), Plaza de Armas | *Tel. 043/42 88 12* | *iperu huaraz@promperu.gob.pe* | *http://huaraz.com*

ZIELE IN DER UMGEBUNG

CARÁZ [136 A3]

Das bei Trekkingurlaubern und Bergsteigern bekannte Bergdorf liegt 66 km nördlich von Huaraz auf 2256 m Höhe. Unweit, in Cashapampa (ca. 1,5 Autostd.), startet u. a. der Trekkingpfad *Santa Cruz–Llanganuco* und beginnen die Aufstiege auf den 5947 m hohen *Alpamayo*. Unweit von Caráz tost der Río Santa durch den *Cañon del Pato*, eine nur Insider Tipp 15 m breite und 15 km lange Kordillerenenge, über ein Gefälle von 500 m. Das eindrucksvolle Schauspiel kann man auch vom Auto aus auf der Straße nach Chimbote beobachten, sofern es nicht gerade durch einen der 35 Tunnel auf der Strecke geht.

CHAVÍN/CHAVÍN DE HUÁNTAR ★ [136 B4]

Die Ausgrabungsstätte Chavín de Huántar, Unesco-Welterbe seit 1985, liegt ca. 100 km von Huaraz entfernt im *Callejón de Conchucos*, einem versteckten Seitental auf 3150 m Höhe vor dem Ort Chavín. Von der auf 800 v. Chr. datierten Anlage, die zu den ältesten Perus gehört, wurde nur ein Tempelkomplex freigelegt. Höchste Gottheit war wahrscheinlich der Puma. Er ist auf Steinen im Hof des Tempels eingraviert. Im Innern gibt es Gänge, Schächte und einen Raum, in dem ein 5 m hoher, zugespitzter, steinerner *lanzón* (Lanze) aufgestellt ist, der wohl bei Opferritualen eine Rolle spielte. Berühmt ist Chavín auch für seine an Trophäen erinnernden Steinköpfe. *Di–So 8–17 Uhr | Eintritt 11 S/. | http://chavin.perucultural.org.pe.* Restauranttipp: *Buon Giorno | neben dem Fluss | €*

CORDILLERA HUAYHUASH **[136 B4]**
Der Gebirgszug schließt sich südöstlich an die Cordillera Blanca an. Der gleichnamige, 170 km lange Trek um das nur 30 km lange, aber mit neun 6000ern gespickte Gebiet gehört zu den besten Wanderungen weltweit (ca. 11 Tage). Ausgangspunkt ist der kleine Ort *Llamac.*

TRUJILLO

[134 B5] Obwohl Trujillo, das rund 560 km nördlich von Lima an der Panamericana liegt, mit gut 700 000 Einwohnern beileibe keine Kleinstadt ist, wirkt es doch beschaulich und liebenswürdig. Viel trägt dazu das gepflegte Zentrum mit seinen prächtigen Palästen aus der Zeit der Zuckerbarone bei, die 1969 von der Militärjunta enteignet wurden. Typisch für Trujillo sind die oben und unten gebündelten Gitterfenster

> BLOGS & PODCASTS

Gute Tagebücher und Files im Internet

- > ***www.globosapiens.net*** – Weltweiter Club Reisebegeisterter mit Bildungsanspruch.
- > ***www.virtualtourist.com*** – Immer Top-5-Geschichten zu jedem Ort (mit Fotos), weltweit sehr viele Mitglieder.
- > ***www.travelblog.org*** – Wie ein Magazin aufgemacht, reich bebildert, gute Stories von Mitgliedern, Forum.
- > ***www.tripadvisor.com*** – Weltweite Community mit erzählfreudigen Mitgliedern aus 189 Ländern.
- > ***http://amistad-bolivia.info/*** – Informativer privater deutschsprachiger Blog zu sozialen und politischen Themen.
- > ***www.geo.de/audio*** – Slogan: „Mit den Ohren reisen"; kostenloser Podcast mit spannende Stories u. a. auch über Peru und Amazonien.
- > ***www.travelpod.com*** – Weltweit; rascher Erfahrungsaustausch mit anderen Reisenden über Suchfunktion.
- > ***www.podcast.de/episode/819187/Bolivien:_%22Ja%22_für_Morales*** – Podcast von Radio Vatikan zur Volksabstimmung in Bolivien (Aug. 2008).
- > ***www.boliviaweb.com*** – interaktives Portal zu Bolivien mit Blogs, Chat und Zeitungen.
- > ***http://www.surfmusik.de/land/peru.html*** – Musik von fast allen lokalen Radiosendern kostenlos laden.

Für den Inhalt der Blogs & Podcasts übernimmt die MARCO POLO Redaktion keine Verantwortung.

der kolonialen Fassaden. In der Mittagszeit malen die harten Schatten hübsche Kontraste in die dann fast menschenleeren Straßen. In Trujillo mischen sich auf einzigartige Weise kolonialer Charme, kreolischer Stolz, präkolumbische Geschichte und die nahe Brise des Pazifiks. Pizarro gründete die Stadt 1535 vor den To-

Koloniale Wohnkultur von einst präsentiert die Casa del Mariscal de Orbegoso

ren der einst blühenden Chimú-Metropole Chan Chan und benannte sie nach seiner Heimatstadt in der spanischen Extremadura. Die Reste von Chan Chan erheben sich bis heute aus dem Wüstensand und sind *die* archäologische Attraktion Trujillos.

Die Rolle des Vorreiters spielte die Stadt während der Unabhängigkeitsbewegung – schon 1820 sagte man sich hier von Spanien los. Trujillo wurde schließlich zur Hauptstadt der Provinz „La Libertad" (Die Freiheit) gekürt. Im Nationaltanz *La Marinera*, für den die Stadt berühmt ist, scheint sich die überschwängliche Freude über die errungene Freiheit auszudrücken. Er ist eine Art lockerer Flamenco, bei dem sich beide Partner kokett mit leichten Tüchern umgarnen. Auch das Erbe der Chimú blieb bis heute lebendig. Das wird fasziniert feststellen, wer sich zum nahen Küstenort Huanchaco aufmacht. Denn in diesem sympathischen, kleinen Badeort benutzen die Fischer immer noch die *caballitos de totora*, Boote aus gebündeltem Schilf – ganz wie ihre präkolumbischen Vorfahren. *www.muni trujillo.gob.pe*

SEHENSWERTES

CASA DE LA EMANCIPACIÓN

Der Marqués de Torre Tagle bereitete hier die Unabhängigkeit der Stadt vor; später war das Gebäude Sitz des Kongresses und Regierungspalast. *Jr. Pizarro 610 | tgl. 9.30–13, 17–20 Uhr | Eintritt frei*

CASA DEL MARISCAL DE ORBEGOSO

Kostbare Kolonialmöbel zeigen den vornehmen Lebensstil des spanischen Generals Luis J. de Orbegoso. *Jr. Orbegoso 553 | tgl. 9.30–20 Uhr*

COLECCIÓN JOSÉ CASSINELLI

Die Privatsammlung umfasst z.T. einzigartige Keramiken von Chavín bis Nazca, von Cajamarca bis Huari sowie erotische Tonplastiken der Moche. *Av. Nicolás de Piérola 607 | tgl. 9.30–13, 15–19 Uhr | Eintritt 10 S/.*

IGLESIA EL CARMEN

Durch ihren eigenwilligen Baustil wurde die 1725 fertiggestellte Kirche zu einer der bedeutendsten der Region; im Innern ein prächtiger churrigueresker Altar. *Ecke Colón/Bolívar | Mo–Sa 9–13 Uhr, Besichtigung nach Anmeldung (Tel. 044/24 18 23) | freiwillige Spende*

Insider Tipp

MUSEO ARQUEOLÓGICO

Insider Tipp

Eins der schönsten Museen Perus: In den mit Mahagoni vertäfelten Räumen der stolzen *Casa Risco* sind Keramiken der Moche, Chimú und Inka ausgestellt. Eine Abteilung ist dem Ruinenfeld Chan Chan gewidmet, eine andere den Ausgrabungen der Huaca de la Luna. *Jr. Junín 682 | Mo–Sa 9–17, So 9–13 Uhr | Eintritt S/.5 | www.unitru.edu.pe*

PLAZA DE ARMAS

Den großflächigen zentralen Platz schmückt ein Denkmal für die Helden des Freiheitskampfes; drum herum stehen die schönsten Gebäude der Stadt: die *Kathedrale* aus dem 17. Jh., deren Chorgestühl zu den prächtigsten Perus gehört *(tgl. 7–12, 15–19 Uhr)*, mit dem kleinen *Museo Catedralício (Mo–Fr 9–13, 16–19, Sa 9–13 Uhr | Eintritt 4 S/.)*; rechts daneben der *Palast des Erzbischofs* mit seinem schönen Innenhof. Weiter rechts (an der *Jr. Pizarro 446*) hat die Zentralbank das Haus des Grafen Urquiaga restauriert, das Simón Bolívar

> DER LETZTE INKA

Atahualpa wird 1533 von den Spaniern hingerichtet

Als Francisco Pizarro 1532 in Tumbes landete, kurierte der letzte regierende Inkafürst Atahualpa gerade eine alte Kriegsverletzung in den Thermalbädern von Cajamarca aus. Pizarro schickte ihm listig einen Gesandten, um ein Treffen vorzuschlagen und so einem Kampf mit dem zahlenmäßig weit überlegenen Inkaheer zuvorzukommen. Atahualpa nahm an. Doch während des Treffens in Cajamarca überrumpelten ihn die Spanier und nahmen ihn gefangen. Verzweifelt versuchte Atahualpa, sich mit Gold freizukaufen. Tatsächlich schaffte er es – wie verlangt –, in zwei Monaten eine Kammer bis unter die Decke mit Schätzen zu füllen. Unter dem Vorwand, er habe einen Hinterhalt angezettelt, wurde er am 29. August 1533 auf der Plaza de Armas von Cajamarca durch ein spanisches Würgeeisen hingerichtet.

1820 bewohnte *(Mo–Fr 9.30–15 Uhr | Pass mitbringen!)*. Daneben befindet sich das *Rathaus* mit der Touristinformation. Gegenüber ist die schmucke gelbe *Casa Bracamonte*

Aus dem 17. Jh. stammt die doppeltürmige Kathedrale an der Plaza de Armas

(Jr. Independencia 441 | tgl. 7–19 Uhr) mit den für Trujillo typischen Fenstergittern zu sehen.

ESSEN & TRINKEN

DEMARCO

Schicke, kleine Boheme-Cafeteria mit Kunst an den Wänden; gute Pizza und köstliches Tiramisu. *Tgl. | Jr. Francisco Pizarro 725 | Tel. 044/ 23 42 51* | €–€€

LOS HERRAJES

Hier bekommen Sie vor allem Meeresfrüchte aus dem nahen Pazifik in allen Variationen, auch typisch peruanisch als *ceviche*. *Tgl. | Av. 9 de Octubre 893, Urb. Las Quintanas | Tel. 044/204846 oder 221932 | www.losherrajes.com* | €€–€€€

EL MOCHICA

Speiselokal mit dem Charme einer Kantine, aber beste Regionalkost; im Hinterstübchen gibt es Bühnenshows. *Tgl. 8–24, Show Fr–So ab 12 Uhr | Bolívar 462 | Tel. 044/29 34 41* | €

ROMANO

Von früh bis spät Auffangstation für Hungrige, die sich an der ständigen TV-Berieselung nicht stören und herzhafte einheimische Küche lieben. *Tgl. 8–24 Uhr | Jr. Pizarro 747 | Tel. 044/25 22 51* | €€

ÜBERNACHTEN

EL BRUJO
Schickes Hotel, sechs Blocks vom Zentrum entfernt. Die 35 Zimmer (eine Suite) bieten allen Komfort; gutes Restaurant, Internetservice. *Jr. Independencia 978 | Tel. 044/47 45 45 | www.elbrujohotel.com* | €–€€

LOS CONQUISTADORES
Um Stil bemühtes Traditionshaus im Zentrum. *54 Zi. | Diego de Almagro 586 | Tel. 044/48 16 50 und 48 16 60 | www.losconquistadoreshotel.com* | €€–€€€

GRAN BOLÍVAR
Elegantes Hotel in einem herrschaftlichen Kolonialhaus unweit der Plaza. *30 Zi. | Jr. Bolívar 957 | Tel. 044/22 20 90 | www.granbolivarhotel.net* | €€

GRAN HOTEL EL GOLF TRUJILLO
Elegantes Hotel mit allen Annehmlichkeiten, gelegen beim Golfplatz am küstennahen südwestlichen Stadtrand, 5 Min. mit dem Auto von der Plaza de Armas entfernt. *120 Zi. | Los Cocoteros 500, Urb. El Golf | Tel. 044/48 41 50 | www.granhotelgolftrujil lo.com* | €€–€€€

EL GRAN MARQUÉS
Wohnen mit Wohlfühlprogramm; modernes Hotel mit Pool, Sauna und Jacuzzi; kostenloses Internet. *50 Zi. | Díaz de Cienfuegos 145, Urb. La Merced | Tel. 044/48 17 10 | www.elgranmarques.com* | €€€

LIBERTADOR
Schönstes Haus der Stadt, prominent in einem historischen Palacio untergebracht. Vornehm von der Lobby bis zu den Zimmern. Kleiner Pool, erstklassiges Restaurant. *79 Zi. | Independencia 485/Plaza de Armas | Tel. 044/23 27 41 | www.libertador.com.pe* | €€€

VERANSTALTER

DESTINOS TRAVEL & SERVICES SAC
Großes Ausflugsprogramm, auch 2,5 stündige Stadtrundfahrten. *Jr. Diego de Almagro 246 | Of. 101 | Tel. 044/21 39 14, Handy 948 86 88 13 und Av. América Sur 4025 | Urb. Los Pinos | Trujillo | Tel. 044/42 36 38 | www.destinostravelperu.com*

Tipp: Eine hervorragende deutsche Fremdenführerin vor Ort ist Ruth Proeglhoef *(Tel. 044/42 03 04 |* Insider Tipp

> LOW BUDGET

- > Preisgünstige Menüangebote gibt es im Restaurant *Salas* an der Plaza de Armas in Cajamarca. Dort können Sie auch den für die Region typischen *Queso Fresco con Miel* (Frischkäse mit Honig) probieren. *Jr. Amalia Pulga 637, Tel./Fax. 076/82 21 28*
- > Kubanische Livemusik zum Nulltarif bietet die Bar *Son Cubano* in Chiclayo *(Calle San José 155)* am Wochenende ihren Besuchern.
- > Kunsthandwerkern bei der Arbeit oder hübsch kostümierten Folkloretänzern zuschauen können Sie immer im Juli auf der Kunsthandwerksmesse in Monsefú. Der kleine Ort liegt ganz in der Nähe von Chiclayo.
- > Nicht vergessen: Die Eintrittskarte für Chan-Chan in Trujillo gilt auch für den Besuch der Huaca La Esmeralda an der Straße nach Huanchaco!

Handy 044/949711245 | ruth_pipil lotti@hotmail.com).

AM ABEND

LUNA ROTA DISCO PUB

Die angesagteste Disko-Adresse in Trujillo für die jungen Wilden der Stadt; regelmäßig werden auch Livekonzerte veranstaltet. *Mi–Sa 20–3 Uhr | Av. América Sur 2119 | Tel. 044/221488*

MECANO BAR

Abtanzen, trinken, feiern, Freunde treffen oder Leute beobachten und etwas essen. Beliebte Diskobar, regelmäßig auch Livemusik. *Mi–Sa 20–2 Uhr | Jirón Gamarra 574 | Tel. 044/201652*

AUSKUNFT

(I) PERÚ

Jr. Pizarro 402 (Municipalidad de Trujillo) | Tel./Fax 044/294561 | iperutrujillo@promperu.gob.pe | www.perunorte.com

ZIELE IN DER UMGEBUNG

EL BRUJO [134 B5]

Die Ausgrabungsstätte liegt 60 km nördlich von Trujillo (Abzweig zur Küste von der Panamericana Norte bei Chocope) und ist Teil der Moche-Route (Insider Tipp) *(www.huacadelaluna.org.pe/RutaMoche.asp)*. Der Komplex besteht aus der 5000 Jahre alte *Huaca Prieta*, der *Huaca El Brujo* (sehenswerte Reliefs an der Mauer) und der *Huaca Cao Viejo* mit farbigen Opfer- und Kampfszenen. Auch das Grab der Moche-Mumie „Señora de Cao" ist zu sehen. Im 2009 eröffneten *Museo El Brujo y la Dama de Cao* (Insider Tipp) *(tgl. 9 bis 16.45 Uhr | Eintritt 11 S/. | Magdalena de Cao | Ascope)* sind ein Großteil der Funde ausgestellt.

CHAN CHAN ★ [134 B5]

Das Ruinenfeld der Chimú-Hauptstadt schließt nördlich an das Stadtgebiet Trujillos an (Ausfahrt Huanchaco). Mit 20 km² ist die im 15. Jh. von den Inka unterworfene Stadt die

Präkolumbische Stadt aus Lehm: Chan Chan bei Trujillo

größte archäologische Stätte des Kontinents. Im 12./13. Jh. bewohnten ca. 100 000 Menschen die neun *ciudadelas* (Stadtviertel): Fischer, Bauern, Handwerker, Kaufleute, Krieger, Priester und die Familien der Führungselite. Zzt. ist nur die *Ciudadela Tschudi* zugänglich (nach dem Schweizer Forscher Johann Jakob von Tschudi, 1818–89). Im Innern wirkt sie mit ihren hohen Mauern und langen Gängen, die zu Gebetsräumen, Wohnbereichen oder Speichern führen, wie ein Labyrinth. Alle Gebäude sind aus Adobe erbaut. Im *Museo del Sitio* ist die Bauweise erläutert. Ein kompliziertes Bewässerungssystem sicherte die Feldwirtschaft *(tgl. 9–17 Uhr | Eintritt 12 S/.)*. Die Eintrittskarte berechtigt auch zum Besuch der *Huaca Arco Iris* (5 km nördlich von Trujillo). Der restaurierte Tempel der Chimú verdankt den Namen „Regenbogentempel" den Motiven an seinen Wänden.

HUACA LA ESMERALDA [134 B5]

Der Pyramidenstumpf des „Smaragdtempels" stammt aus der Chimú-Zeit. Ihn zieren schöne Reliefs. *An der Straße nach Huanchaco | tgl. 9–17 Uhr*

HUACA DE LA LUNA UND HUACA DEL SOL [134 B5]

Der 50 m hohe Sonnentempel *(Huaca del Sol)* und der kleinere Mondtempel *(Huaca de la Luna)* liegen am Ufer des meist ausgetrockneten Río Moche am Südostrand Trujillos (ca. 10 km vom Zentrum), einem ehemaligen Siedlungsgebiet der 2000 Jahre alten Moche-Kultur. Bei jüngeren Ausgrabungen fand man Wandreliefs und -malereien und eine großartige siebenstufige Hauptfassade, u.a. mit Mochica-Kalender. *Campiña de Moche | tgl. 9–16 Uhr | Eintritt 12 S/.*

„Schilfpferdchen" in Huanchaco

HUANCHACO [134 B5]

Etliche Hotels spiegeln die Beliebtheit des Badeorts 10 km nördlich von Trujillo wider. Attraktion sind die Fischer auf ihren *caballitos de totora* (Schilfpferdchen), spitzschnabeligen Booten aus gebündeltem Schilfrohr, wie sie schon die Moche und Chimú verwendeten. Es gibt viele Fischrestaurants, mehrfach ausgezeichnet wurde das noble *Big Ben (tgl. 11.30 bis 17.30 Uhr | Av. Larco 836, Urb. El Boquerón | Tel. 044/461869 | www.bigbenhuanchaco.com | €€–€€€)*. Angenehmes Hotel am Meer: *Huanchaco International | 20 Zi. | Playa Azul | Tel. 044/46 17 54 | www.huanchacointernational.com | €*.

> VON DER KÜSTE INS KERNLAND DER INKA

Natur pur, Wein und Mumien an der Küste – die Höhepunkte aber sind Puno am Titicacasee, Cuzco und Machu Picchu

> Wie der Süden, *„así es Perú"* – so ist Peru. Im Großraum zwischen der wüstentrockenen Pazifikküste, dem Titicacasee und Machu Picchu im Urubambatal konzentrieren sich die charakteristischen Landschaften und die kulturellen Glanzlichter der Nation.

Hier liegen die stolzesten Städte und leben die meisten Menschen indianischer Abstammung. Auch der einst wichtigste Verkehrsweg durchzieht den Süden: die Straße von Lima über Ayacucho nach Cuzco, die alte Verbindung zwischen dem „Nabel der Welt" aus der Inkazeit und dem Machtzentrum der Kolonialzeit.

Das Trittbrett zu den Highlights des Hochlands ist eine schier endlose Küste mit Wanderdünen und trockenen Ebenen. Ein lebensfeindlicher Raum, der doch voller geheimnisvoller Spuren früheren Lebens ist, wie in *Nazca* z.B. In der Wüste von Ica gedeihen Weinreben, aus denen der

Bild: Schilfinseln auf dem Titicacasee

SÜD- UND ZENTRALPERU

hochprozentige Pisco gebrannt wird. Ica ist auch Durchgangsstation auf der Route zur Halbinsel *Paracas*, wo Ausflugsschiffe zu den *Islas Ballestas* starten: felsige, von den Wellen des Pazifiks umtoste Inseln mit Seelöwenkolonien, Pinguinen und Flamingos.

Erschlossen ist die Küste auch im Süden durch die Panamericana. Beim Fischerort Camaná biegt sie ostwärts ins Hochland nach *Arequipa* ab, der wunderschön auf einer sonnigen Terrasse gelegenen und von Vulkanen eingerahmten Metropole des Südens. Arequipa ist Ausgangspunkt für einen Ausflug zum tiefen *Cañón del Colca,* Busse fahren aber auch hinauf nach Puno am Titicacasee. Von dort folgen Züge den Spuren des ersten Inka durch den Altiplano nach Cuzco. Nur wenig weiter liegt Machu Picchu, der Höhepunkt jeder Peru-Reise.

AREQUIPA

[139 D5] **Die lebhafte Universitätsstadt breitet sich auf einer sonnigen Südterrasse der Anden (2335 m) vor dem grandiosen Panorama von Vulkankegeln aus.** Bei klarem Wetter sieht man die Kegel des Misti (5825 m) und des schneebedeckten Chachani (6075 m) von überall in der Stadt hinter den Klöstern und Kirchen aufragen. Seit 2000 ist Arequipa Unesco-Welterbestätte. Gegründet wurde die Provinzmetropole 1540 von Pizarros Kampfgefährten und späterem Gegenspieler Diego Almagro. Arequipa wird wegen des häufig als Baumaterial verwendeten hellen Tuffsteins auch *Ciudad Blanca* (weiße Stadt) genannt. Zu Wohlstand kam sie 1870 mit dem Bau der Bahnlinie von Puno nach Mollendo. Selbst die häufigen, teilweise verheerenden Erdbeben konnten die Entwicklung nicht stoppen. Gut 800 000 Menschen leben heute in Arequipa, überwiegend vom Handel und der Landwirtschaft im Tal des *Río Chili* und zunehmend auch vom Tourismus. Die Besucher kommen vor allem, um den schönen kolonialen Stadtkern zu sehen, aber auch, um in den vielen Cafés und Kneipen das Flair einer weltoffenen Stadt zu genießen und in der Umgebung Kanu- oder Bergtouren zu unternehmen. *www.regionarequipa.gob.pe/*

Arequipas grünes Zentrum: die Plaza de Armas mit der Kirche La Compañía

SEHENSWERTES

CASA GOYENECHE

Einst die Residenz des Bischofs, inzwischen zog die Banco de la Reserva ein. Man kann zwei im Kolonialstil möblierte Räume besichtigen. *Calle La Merced 201 | Mo–Fr 9.15 bis 13.30, 14.30–17 Uhr | Eintritt frei*

LA CATEDRAL

Die im neoklassischen Stil 1844 errichtete Kathedrale breitet sich über 100 m Länge an der Plaza de Armas aus. Der Ursprungsbau von 1656 fiel einem Brand zum Opfer. Innen ein Altar aus Carrara-Marmor, die Orgel stammt aus Belgien. *Plaza de Armas | Besichtigung Mo–Sa 11.30–15.30, So 14–16.30 Uhr | Eintritt frei*

LA COMPAÑÍA

Die Kirche (1660) mit der tropisch bunt dekorierten Kapelle San Ignacio übertrifft alle anderen der Stadt an Pracht. Die überschwänglich verzierte Fassade gilt als Meisterwerk des Mestizenbarock. Innen strahlen vergoldete Altäre. *Alvárez Tomás/ Morán (Pl. de Armas) | Mo–Fr, So 9 bis 11.45, 15–17.45, Sa 11.30–12.30, 15–18 Uhr | Eintritt 4 S/. (für die Kapelle St.Ignatius)*

Ein Tipp: Schauen Sie mal in die feinen Läden der *Claustros de la Compañía* gleich nebenan – hier gibt's z.B. edle Alpakapullover. **Insider Tipp**

MUSEO SANTUARIO ANDINOS

Hier ruht in einem Kühlsarg aus Glas die tiefgefrorene Mumie der „Juanita", die 1995 im ewigen Eis des Vulkans Ampato entdeckt wurde. Offenbar war sie freiwillig auf den Berg gegangen, um sich den Regengöttern zu opfern. *Jirón Santa Catalina 210 | Mo–Fr 9–18 Uhr | Eintritt 15 S/. | www.ucsm.edu.pe/santury*

PLAZA SAN FRANCISCO/ MUSEO MUNICIPAL

Der baumbeschattete Platz um die Kirche *(Mo–Sa 7.30–8, 17.30–19.30,*

MARCO POLO HIGHLIGHTS

★ Halbinsel Paracas
Inkaschwalben, Pinguine und Mumien – Höhepunkt der Südküstenroute (Seite 76)

★ Inka Trail
Auf den Spuren der Inka zu Fuß nach Machu Picchu (Seite 74)

★ Cañón del Colca
Der tiefste und größte Cañon der Welt (Seite 66)

★ Linien von Nazca
Geheimnisumwitterte Scharrbilder in der Pampa Colorada (Seite 79)

★ Islas Flotantes
Schwimmende Inseln auf dem Titicacasee (Seite 83)

★ Santo Domingo/Coricancha
Eine neue Kirche auf dem Sonnentempel von Cuzco (Seite 71)

★ Machu Picchu
Schönste archäologische Stätte Lateinamerikas (Seite 74)

★ Cuzco
Glanzvolle Metropole des Inkareichs (Seite 68)

So 7.30–9, 10.30–11.30 und 19–20 Uhr) wurde durch die Ansiedlung des Kunstgewerbemarkts im gegenüberliegenden *Fundo del Fierro* (1804) zu einem kleinen Kulturtreffpunkt. Hier liegt auch das *Museo Municipal* (Archäologie, Stadtgeschichte, *Mo–Fr 9–17, Sa 9–14 Uhr | Eintritt 2 S/.)*. In der Nachbarschaft finden sich ein paar gute Restaurants.

Insider Tipp

LA RECOLETA
Sehenswert im Franziskanerkloster La Recoleta sind die Bibliothek mit ihren rund 20000 Bänden, das Religiöse, das Präkolumbische sowie das Amazonas-Museum. *Recoleta 117 | Mo–Sa 9–12, 15–17 Uhr | Eintritt 6 S/.*

SAN AGUSTÍN
Die Fassade der Kirche (1576) schmückt schönster Mestizenbarock mit reichen Blumen- und Blätterornamenten. *Mo–Fr 8–12 und 14–19, Sa 9–13 Uhr*

SANTA CATALINA
Eine kleine Stadt hinter hohen Klostermauern: verwinkelte Gassen, Zellen, winzige Gärten und Andachtsstuben. Das 20000 m² große Gelände ist Arequipas größte Attraktion. 1579 von der Witwe eines angesehenen Bürgers gegründet, ist ein kleiner Teil bis heute von Dominikanernonnen bewohnt. Der Rest ist zugänglich. *Santa Catalina/Ugarte | tgl. 9–17, Di und Do bis 20 Uhr | Eintritt 35 S/. | www.santacatalina.org.pe*

SANTO DOMINGO
Die im 17. Jh. erbaute Dominikanerkirche besitzt besonders schöne Portale und einen gemeißelten Chor im Mestizenstil. *Santo Domingo/Piérola | Mo–Fr 7–12, 15–19.30, Sa 7–9, 15–19.30, Do 5.30–12 Uhr*

ESSEN & TRINKEN

CASONA FORUM
Drei stilvolle Restaurantbars sind hier unter einem Dach vereint, darun-

Oase der Ruhe hinter Klostermauern: Santa Catalina

ter auch das ehemalige *Grill*. Zum Komplex gehört die Disko *Forum Rock-Café. Tgl. | San Francisco 317 | www.casonaforum.com* | €€

CASONA DE SANTA CATALINA
Gute peruanische Küche (und Pizzas) in schönem, kolonialem Ambiente. Wer Lust hat, kann hier auch gleich Souvenirs erstehen (Alpaka, Juwelen, Hüte, Bücher, Pisco, etc.). *Tgl. | Santa Catalina 210 | www.santacatalina-sa.com.pe* | €

EL GAUCHO
Erstklassiges Steakrestaurant, leider untergebracht in einem fensterlosen Tiefgeschoss. *Tgl. | Portal de Flores 112 | Tel. 054/22 03 01* | €€€

Insider Tipp **TRADICIÓN ARIQUIPEÑA**
Große Portionen, frische Zutaten – die beste Adresse für Freunde lokaler Küche. *Tgl. | Avenida Dolores 111 | Tel. 054/42 64 67* | €–€€

WAYRANA
Wenn Sie mal Meerschweinchen probieren wollen – in diesem Innenhoflokal mit Bar wird es fein mit Andenkräutern serviert. *Tgl. | Santa Catalina 200, Innenhof D* | €

ÜBERNACHTEN

AGRADA HOSTAL
Elegantes, kleines Hotel mit Frühstücksbalkon zur Plaza de Armas. *9 Zi. | Portal de San Agustín 113 | Tel. 054/21 98 59 | www.helloarequipa.com/h_agrada* | €€

HOSTAL CASABLANCA
Schönes altes Tuffsteinhaus am Hauptplatz. *8 Zi. | Puente Bolognesi 104 | Tel./Fax 054/22 13 27 | www.casablancahostal.com* | €

LIBERTADOR
Großzügiges Hotel im Kolonialstil – mit Pool, gutem Restaurant und Bar. *92 Zi. (4 Suiten) | Plaza Bolívar, Selva Alegre | Tel./Fax 054/21 51 10 | www.libertador.com.pe* | €€–€€€

LA POSADA DEL MONASTERIO
Schlafen hinter historischen Mauern: Das Haus ist noch im puristischen frühen Kolonialstil erbaut. *40 Zi. | Calle Santa Catalina 300 | Tel./Fax 054/20 65 65* | €€–€€€

SONESTA POSADA DEL INCA
Solides Haus der Sonesta-Kette mit Blick auf die Plaza de Armas. Alle 58 Zimmer mit Klimaanlage, bzw. Heizung, Kabel-TV und Direktwahltelefon. *Portal de Flores 116 | Tel. 054/21 55 30 | www.sonesta.com* | €€

FREIZEIT & SPORT

COLCA TREK
Die Agentur bietet Schlauchbootfahren auf dem Río Majes, Reiten, Biking, Trekking in Cotahuasi und Paragliding in Kombination mit Unterkunft in Hütten der *Majes River Lodge. Jerusalén 401 B | Tel. 054/20 62 17 | www.colcatrek.com.pe*

AM ABEND

FORUM ROCK CAFÉ
Das Vergnügungszentrum der Stadt. Neben einer beliebten Disko gibt es hier noch vier ebenfalls meist gut besuchte Pubs bzw. Clubs: *Retro, Zero-Pub, Terrasse* und die *Chill out sofa bar. Do–Sa ab 20 Uhr (Fr/Sa Livemusik) | Eintritt 10–15 S/. | San*

Francisco 319 | *www.forumrockcafe.com*

MONTRÉAL – LE CAFÉ ART

Livemusik (Mi–Sa), gepflegte Drinks und immer gute Stimmung locken alle Welt in dieses „Kunstcafé". 17–23 Uhr Happy hour. *Tgl.* | *Ugarte 210* | *Tel. 054/9312796* | *lecafeartmontreal.galeon.com/*

AUSKUNFT

(I) PERÚ

Plaza de Armas, Portal de la Municipalidad 110 | *Tel./Fax 054/221227* | *www.arequipa-tourism.com*

ZIEL IN DER UMGEBUNG

CAÑÓN DEL COLCA ★ [139 D4]

Die gewaltige Schlucht des *Río Colca* (ca. 150 km nordwestlich von Arequipa) gehört zu den großen landschaftlichen Erlebnissen in Peru. Malerisch eingerahmt ist der Canyon von 6000 m hohen Vulkanen. Die Ausflüge führen über den 4800 m hohen Pass bei Patapampa zum Aussichtspunkt *Mirador de los Andes*. Von diesem Aussichtspunkt bietet sich ein phantastischer Blick über das etwa 1000 m tiefer gelegene Colca-Tal. In einer knappen Stunde erreicht man Chivay. Höhepunkt der Tour ist die Fahrt zum *Cruz del Condor* und dem *Mirador de Tapay*, wo Sie weit über die rund 100 km lange Schlucht blicken und nicht selten auch Kondore im Gleitflug beobachten können *(Info: www.colcaserviciosturisticos.com)*. Wer länger bleiben will, kann sich gleich im Tal in der traumhaften Colca-Lodge ein- Insider Tipp

Ein Kondor zieht über dem Cañón del Colca seine Kreise

mieten *(45 Zi. | Tel. 054/53 11 91 | Fax 53 10 56 | www.colca-lodge.com | €€€).*

AYACUCHO

[138 B2] Der kurze Flug von Lima führt in eine beschauliche Kolonialstadt (150 000 Ew.) in einem Hochtal der Anden auf 2746 m Höhe. Während der Kolonialzeit war sie ein wichtiger Brückenkopf zwischen Lima und Cuzco. Über 30 prächtige Kirchen und die prunkvollen Prozessionen zur Karwoche erinnern an diese Glanzzeit. Die Verbindungsstraße führte damals noch über zahlreiche Schluchten und alte Inka-Hängebrücken – wie jene von San Luis Rey, die am 20. Juli 1714 riss und fünf Reisende mit in den Abgrund nahm – ein Unglück, das Thornton Wilder in „Die Brücke von San Luis Rey" literarisch verewigt hat.

Ayacucho hieß ursprünglich Huamanga und wurde erst 1824 umbenannt, nachdem der venezolanische Freiheitskämpfer José Antonio de Sucre in der nahen Pampa de *Quinua* – heute ein Töpferdorf (Insider Tipp) – einen entscheidenden Sieg für die Unabhängigkeit Perus davongetragen hatte.

Ayacucho ist der Ausgangspunkt für Ausflüge zu den Ruinen der Wari-Kultur (600–1100 n. Chr.), die lange vor den Inka schon Städte mit einem Straßennetz verbunden hatten. Wer etwas Zeit mitbringt, kann von hier aus auch den 110 km entfernten Nationalpark *Titankas* mit einer großen Ansammlung der mächtigen Bromeliaceenart *Puya raimondii* bestaunen und 8 km weiter die Inkaruinen *Vilcashuamán* (übersetzt „Heiliger Falke") besuchen.

SEHENSWERTES

KIRCHEN

Die schönsten der über 30 Gotteshäuser sind die *Kathedrale* (1641, Goldaltäre im Churriguera-Stil) (Insider Tipp) an der Plaza Sucre, die *Iglesia Santa Clara* (vergoldete Mudéjardecke) in der Jr. Grau, der *Templo de Santo Domingo* (1548, offene Kapelle für *indígenas*) in der 9 de Diciembre und *La Compañía de Jesus Santa Teresa* (1605, barocker Hochaltar) in der Jr. 28 de Julio. *Geöffnet sind die Kirchen zu den Gottesdiensten*

MUSEO ARQUEOLÓGICO HIPOITO UNANUE

Feine mehrfarbige Keramiken der Wari-Kultur. *Av. Independencia | Mo–Fr 9–13 und 15–17 Uhr | Eintritt 2 S/.*

MUSEO DE LA MEMORIA (Insider Tipp)

Gedächtnisstätte für den Terror der 1980er-Jahre, als die Universität Ayacuchos als geistiges Zentrum der Guerilla-Organisation „Leuchtender Pfad" galt. Realisiert wurde das Museum u. a. mit deutschen Geldern. *Urb. Nery García Zárate, Prol. Libertad 1229 | Mo–So 9–13 und 15 bis 18 Uhr*

ESSEN & TRINKEN

LA CASONA

Sauberes, gutes Restaurant für Grillgerichte und regionale Spezialitäten. Man kann drinnen oder draußen essen. *Tgl. | Bellido 463 | Tel./Fax 066/ 31 27 33 | €–€€*

NIÑO

Nettes, kleines Restaurant mit Terrasse, Garten und hübsch dekoriertem Speiseraum gegenüber der Kirche Santo Domingo; Hühnchengerichte, Pizza und Pasta. *Tgl. | Jr. 9 de Diciembre 205 | Tel. 066/31 45 37 | €*

ÜBERNACHTEN

AYACUCHO PLAZA

Bestes, aber nicht neuestes Hotel der Stadt; gutes Restaurant. *80 Zi. | Jr. 9 de Diciembre 184 | Tel. 066/31 22 02 | www.bookingbox.org/hotelplaza/ | €€*

SANTA ROSA

Kleines Hotel in einem Kolonialhaus mit Dachterrasse. Saubere Zimmer, guter Service, Parkplatz. *10 Zi. | Lima 166 | Tel. 066/31 20 83 | www.hotel-santarosa.com | €*

VERANSTALTER

A & R TOURS

Erfahrene Ausflugsagentur für historische Stadtführungen wie für Kunstgewerbe- oder Ökotouren in der Umgebung. *Jr. 9 de Diciembre 130 | Tel./Fax 066/31 13 00*

AUSKUNFT

(I) PERÚ

Portal Municipal 45, Plaza Mayor, (Municipalidad de Huamanga) | Tel./Fax 066/31 83 05 | iperuayacucho@promperu.gob.pe | www.ayacuchoperu.com

ZIEL IN DER UMGEBUNG

HUARI (WARI) [138 B2]

Die Ausgrabungsstätte der ehemaligen Hauptstadt der Wari (600 bis 1200 n. Chr.) liegt nur 22 km von Ayacucho entfernt und kann im Rahmen eines halbtägigen Ausflugs besucht werden. Mit rund 2000 ha war sie eine der größten Stadtanlagen von Alt-Peru und vermutlich von etwa 60 000 Menschen bewohnt. Dazu gehört ein kleines *Museo de Sitio* an der Carretera a Quinua *(km 25)*.

CUZCO

[139 D3] ★ **Als die Spanier 1533 ohne auf Widerstand zu stoßen in Cuzco einritten, waren sie vom Glanz der Stadt überwältigt: Den zentralen „Platz der Freude" *(Huacaypata)*, heute *Plaza de Armas*, umspannte eine 250 m lange Goldkette.** Dahinter erhoben sich Paläste mit goldenen Türrahmen und mit Gold- und Silberblech verzierten Wänden, die nur so in der Sonne funkelten. Inzwischen ist alles, was einschmelzbar war, längst verschwunden. Geblieben sind koloniale Kirchen, die die Eroberer auf den Steinen der Inkatempel errichteten. So entstand im Zentrum von Cuzco eine in Lateinamerika einzigartige, präkolumbisch-koloniale Mischarchitektur, die die Unesco 1983 zum Welterbe erklärte. Cuzco (ca. 300 000 Ew.) liegt auf 3399 m Höhe im Huantanaytal. Von seiner früheren Bedeutung als Inkametropole zeugen zahlreiche Bauwerke in der Umgebung bis ins Tal des Río Urubamba, wo sich auf einem Berg *Machu Picchu* versteckt. 2001 fand man 35 km südwestlich auf dem Cerro Victoria die Inkastadt *Corihuayrachina* und ein paar Monate später wiederum 50 km weiter im Canyon von Choquequirao eine weitere: *Cota Coca*. Beide sind aber noch nicht öffentlich zugänglich.

SEHENSWERTES

Den Besuch bestimmter Sehenswürdigkeiten ermöglicht das *Boleto Turístico* (Touristenticket) für 130 S/.

bzw. 70 S/. *(ermäßigt)*. Bezugsadresse: *Galerías Turísticas, Of. 101 | Av. El Sol 103 | Tel. 084/227037*

LA CATEDRAL

Die Kathedrale mit ihrem Mischstil aus Renaissance und Barock wurde zum Vorbild vieler Kirchen im peruanisch-bolivianischen Hochland. Pizarro ließ sie 1556 auf dem Wiraqocha-Tempel errichten. Ein schweres Erdbeben verzögerte den Bau bis 1650. Dem Señor de los Temblores (dem Herrn der Erdbeben) ist eine Kapelle mit dunkler Christusfigur gewidmet. 372 Gemälde schmücken die Kirche; für die Glocke María Angola wurden angeblich 6 t einer Bronze-Gold-Legierung verwendet und für den Altar 1 t Silber. *Plaza de Armas | tgl. 10–18 Uhr | Eintritt 50 S/. (nicht im Boleto General enthalten)*

LA COMPAÑÍA

Die Jesuitenkirche (1571–1668) mit der prächtigen Fassade erhebt sich auf den Ruinen des *Amaru-Kancha*-Palastes („Hort der Riesenschlangen"). Blickfang sind innen die beiden goldene Altäre. Auf einem Fresko (16.Jh.) hinter dem Eingang ist die Vermählung des Gouverneurs von Chile mit einer Inkaprinzessin festgehalten. *Plaza de Armas | Mo bis Sa 18.30–21 Uhr | Eintritt 50 S/. (nicht im Boleto Turístico enthalten)*

Insider Tipp

Gläubige in der Kathedrale von Cuzco

LA MERCED/IGLESIA Y CONVENTO

Im ehemaligen südamerikanischen Mutterhaus des Mercedarierordens sind der Vater, der Halbbruder und der Sohn Francisco Pizarros begraben – wie man aber erst 1946 entdeckte. Berühmt ist die juwelenbesetzte Monstranz. *Calle Mantas | Mo–Sa 8–12.30, 14–17 Uhr | Eintritt 10 S/.*

MUSEO DE ARTE PRECOLOMBINO

Präkolumbischer Gold- und Silberschmuck, Keramik, Knochen-, Muschel- und Holzarbeiten. Auch das erstklassige Restaurant *MAP Café (Tel. 084/24 24 76 | €€ | www.cuscorestaurants.com)* lohnt einen Besuch. *Casa Cabrera, Plazoleta de las Nazarenas | tgl. 9–22 Uhr | Eintritt 16 S/. | http://map.perucultural.org.pe*

MUSEO HISTÓRICO REGIONAL

Museum im Geburtshaus des Chronisten Garcilaso de la Vega: Landwirtschaft der Inka, Kolonialmöbel, Fotos, Gemälde. *Calle Heladeros | Mo–Sa 8 –17 Uhr | Eintritt im Boleto Turístico General enthalten*

MUSEO INKA/CASA DEL ALMIRANTE

Das Museum führt in die verschiedenen Epochen Cuzcos. An die *Casa del Almirante* (das Haus des Admirals) erinnert nur noch der Eingang mit dem verzierten Portal. *Cuesta del Almirante 103 | Mo–Fr 8–17, Sa 9 bis 18 Uhr | Eintritt 10 S/.*

PALACIO ARZOBISPAL

Mit dem maurischen Balkon, dem spanischen Portal und dem mit *azulejos* (Sevillaner Kacheln) geschmückten Arkadenhof ist der Erzbischöfliche Palast einer der schönsten Kolonialbauten Cuzcos. Im *Museo Arte Religioso* Insider Tipp sind Werke der Schule von Cuzco zu sehen. *Hatunrumiyoc/ Ecke Herrajes | Mo–Sa 8–11.30, 15 bis 17.30 Uhr | Eintritt 50 S/.*

SACSAYHUAMÁN

Die Festung, von den Inka auch „Haus der Sonne“ genannt, liegt wie eine Bühne etwa 200 m höher als der rund 3 km entfernte Stadtkern. Die

Aus mächtigen Steinquadern sind die Mauern der Inkafestung Sacsayhuamán gefügt

mächtige Zickzackmauer entspricht etwa dem Gebiss des Pumas, dessen Umrisse das alte Qosqo trug. Der Platz wird heute zur Sonnenwende für das Kostümfest *Inti Raymi* genutzt. *3 km östlich von Cuzco | tgl. 7 bis 17 Uhr | Eintritt im Boleto Turístico General enthalten*

SAN BLAS

Die aus einem Stück geschnitzte Kanzel aus Zedernholz im Innern der Kirche ist ein Meisterwerk des indianischen Künstlers Juan Tomás Tuirutupa. Er soll sie als Dank für seine Heilung von der Lepra geschaffen haben. *Carmen Bajo | Mo–Sa 8–18 Uhr | Eintritt 50 S/.*

SANTA CATALINA

Das Erdbeben von 1650 legte in dieser Kirche die Mauern des Hauses der Sonnenjungfrauen frei. *Calle Santa Catalina | Mo–Do, Sa 9–17, Fr 9–15.30 Uhr | Führungen in Englisch | Eintritt 15 S/.*

SANTO DOMINGO/CORICANCHA ★

Das größte Heiligtum der Inka, der Sonnentempel *Coricancha,* die Kolonialkirche und das Dominikanerkloster bilden einen Komplex. Im Hof sind vier Tempelkammern erhalten. Davor soll ein goldener Garten gelegen haben, in dem goldene Hirten 20 goldene Lamas hüteten, die goldenes Gras fraßen. *Mo–Sa 8 bis 17 Uhr | Eintritt im Boleto Turistico enthalten*

ESSEN & TRINKEN

LA DIVINA COMEDIA ▶▶

Fein speisen mit allen Sinnen: Die Dekoration ist inspiriert von Dantes Göttlicher Komödie, für den Gaumen gibt's Gourmetküche und für die Ohren Pianomusik und Lyrik. *Mo–Sa 18–22.30 Uhr | Pumacurco 406 (ein Block vom Hotel Monasterio) | Tel. 084/43 76 40* | €€€

GRANJA HEIDI

Insider Tipp

Gutes Frühstück (Säfte, Molkereiprodukte wie Joghurt oder Quark aus eigener Herstellung), selbst gemachter Kuchen sowie eine sehr gute deutsche oder peruanische Küche. *So geschl. | Cuesta San Blas 525 | Tel. 084/23 83 83* | €

INCANTO

Angesagtes peruanisch gewürztes Pasta- und Grillrestaurant in der Nähe des alten Palasts von Inka Yupanqui. *Tgl. | Santa Catalina Angosta 135 | Tel. 084/25 47 53* | €€–€€€

LIMO – COCINA PERUANA & PISCO BAR

Beim Wirt Coque Ossio wird Ausgehen zum kulinarischen Event mit Traumblick auf die Plaza (Tisch am Fenster reservieren!). Hervorragende Drinks, Sushi, Ceviche u.a. Meeresfrüchte. *Tgl. | Portal de Carnes 236, 1.Stock | Tel. 084/43 76 40* | €€€

MESÓN DE ESPADEROS

Dunkel gebeizte Wände, rot befrackte Kellner, Tischkerzen und Blick auf die Plaza – zur spanischen Atmosphäre gibt es Grillspeisen (auch *cuy*). *Tgl. | Espaderos 105, 2. Stock | Tel. 084/23 53 07* | €€–€€€

PACHAPAPA

Forelle in Kapernsoße, Alpakagulasch oder Pizza auf Holz – in kolonialem Patio und zu Harfenmusik – ein Genuss, und nicht mal teuer. *Tgl. | Plaza San Blas 120 | Tel. 084/ 24 13 18* | €

EINKAUFEN

Insider Tipp

CENTRO ARTESANAL CUZCO

350 Verkaufsstände mit reichhaltigem Artesania-Angebot zu günstigen Preisen. *Av. Tullumayo, gegenüber vom Wasserfall-Monument der Av. Sol*

LIBRERÍA CENTRO BARTOLOMÉ DE LAS CASAS (CBC)

Hier finden Spanischkundige alles aus den Bereichen Literatur, Geschichte, Fotografie und Tourismus – die Buchhandlung ist bestens sortiert. *Plaza Limaqpampa Grande*

> LOW BUDGET

- > Günstig schlafen (ab 20 S/. pro Person) kann man in Arequipa in den Mehrbettzimmern des *Hostal Inka Roots (14 Zi. | Santa Catalina 213 A | Tel./Fax 054/28 77 97 | inkarootshostel@hotmail.com)* – und danach frühstücken mit traumhaftem Vulkanblick!
- > Günstig & gut schlafen in Cuzco: Das *Hostal Loki* bietet Betten schon ab 7,50 US$ – und eine gute Atmosphäre mit viel Spaß gibt's gratis dazu. *Cuesta Santa Ana 601 | Tel. 084/24 37 05 | www.lokihostel.com*
- > Extraklasse für Sparfüchse: In Cuzco beweist das Restaurant *Amalur (Mo bis Sa 12–16 Uhr | Plateros 327 | Tel. 084/22 42 03)*, dass auch ein Mittagessen für nur 8 S/. richtig gut sein kann!

ÜBERNACHTEN

AMARU

In manchen Zimmern besteht die Duschwand aus nackten Inkamauern. Schöner Innenhof, günstig, nette Inhaber. *27 Zi. | Cuesta San Blas 541 | Tel./Fax 084/22 59 33 | www.amaruhostal.com* | €

CASA ANDINA-HOTELS

Die peruanische Hotelkette bietet 5 Häuser in Cuzco, darunter: *Casa Andina Classic Plaza (40 Zi. | Plaza de Armas | Tel. 084/23 17 33)*, *Casa Andina Classic Catedral (43 Zi. | an der Kathedrale | Tel. 084/23 36 61)* und, großzügig in zwei Kolonialhäusern, *Casa Andina Classic Koricancha (54 Zi. | Calle San Agustin 371 | Tel. 084/25 26 33 | Fax 22 29 08); alle: www.casa-andina.com* | €€–€€€

MONASTERIO CUSCO

Hotel in den über 300 Jahre alten Klostermauern des ehemaligen Seminario San Antonio Abad. 50 der 123 Zimmer wurden für Höhenkrankheitsgefährdete so umgebaut, dass reiner Sauerstoff in die Räume fließt. *Plazoleta Nazarenas | Tel. 084/24 17 77 | Fax 24 69 83 | www.monasterio.orient-express.com* | €€€

Insider Tipp

PENSION ALEMANA

Gemütliches Bed-&-Breakfast-Haus mit Garten und Aussichtsterrasse, kostenlose Sauerstoff-Versorgung. *12 Zi. | Calle Tandapata 260, San Blas | Tel./Fax 084/22 68 61 | www.cuzco.com.pe* | €

PICOAGA

Alte Residenz, in der heute ein gutes Hotel steckt: Das Haus (18. Jh.) gehörte dem Marquis José Picoaga y Arbiza. *72 Zi. | Santa Teresa 344 | Tel. 084/25 23 30 | Fax 22 12 46 | www.picoagahotel.com* | €€€

RESIDENCIA EL ROSAL

Wer hier wohnt, tut gleich ein gutes Werk, denn die Einkünfte aus der Vermietung fließen zum Teil ins Mädchen-Waisenhaus San Pedro. *29 Zi. | Calle Casccaparo 116, San Pedro | Tel. 084/25 75 36 | Fax 22 78 49 | www.residenciaelrosal.com* | €

SPORT & FREIZEIT

Insider Tipp

SPANISCH- UND QUECHUA-KURSE

Beste Lernbedingungen bietet die Sprachschule der Deutsch-Peruanischen Kulturgesellschaft *ACUPARI (Asociación Cultural Peruano Alemana Región Inka). San Agustín 307 | Tel. 084/24 29 70, 23 54 59 | www.acupari.de*

Trekking für Fortgeschrittene: Nachtlager auf dem Inka Trail

TREKKING, RAFTING, AMAZONAS

Trips für konditionsstarke Wanderer (auch auf dem Inka Trail) gibt es bei Spezialisten wie *Mayuc, Portal Confituras 211, Plaza de Armas | Tel./Fax 084/23 26 66 | www.mayuc.com;* überregional operiert *Explorandes, Av. Garcilaso 316 A | Tel. 084/23 83 80 | Fax 23 37 84 | www.explorandes.com.*

Wer den Manú-Nationalpark *(s. Kapitel „Amazonien")* nördlich der Stadt besuchen möchte, findet das Büro von *Manú Nature Tours* in der *Av. Pardo 1046 | Tel. 084/25 27 21 | Fax 23 47 93 | www.manuperu.com.*

AM ABEND

THE MUSE Insider Tipp

Café, Lounge, Bar und Night-Bar in einem. Sehr gute Cocktails, jeden Abend Livemusik. *Tgl. | Tandapata 917 und Calle Triunfo 338*

AUSKUNFT

TOURISTENINFORMATION

Calle Mantas 117-A | Tel. 084/ 22 20 32 | Mo–Sa 8–20 Uhr | www.cuscoperu.com | www.aboutcusco.com | www.cusco-peru.org

ZIELE IN DER UMGEBUNG

CHINCHERO [139 D3]

Lohnender Ausflug (18 km von Cuzco, gute Straße) zum Markttag am Sonntag. Dann ist auch die schöne, innen von dem indianischen Maler Chiwantito sehenswert ausgemalte Kolonialkirche (Insider Tipp) geöffnet. Der winzige Ort (3762 m) war schon unter den Inka ein wichtiger Marktflecken.

INKA TRAIL ★ [139 D2]

Die atemberaubendste Anreiseart nach Machu Picchu ist jene zu Fuß: Die 39,6 km lange Wanderstrecke auf der alten Inkastraße *Qhapaq Ñan* führt von der alten Inkabrücke *Kusichaca* über den Río Urubamba bis auf 4200 m Höhe. Es wird bei eisiger Kälte gezeltet und in schattenloser, brennender Hochlandsonne gewandert – eine gute Kondition kann da nicht schaden. Gewandert werden darf nur mit Führer, z. B. von *Trekperu (Parque Industrial B 15 | Tel. 084/26 15 01 und 25 28 99 | www.trekperu.com)* oder einer anderen Agentur. Achtung: Zum Schutz des Trails sind inzwischen täglich nur noch 500 Besucher zugelassen, deshalb rechtzeitig anmelden (mindestens 30 Tage, für Mai–Aug. bis zu drei Monate im voraus!). Im Februar ist der Trail für Reinigungsarbeiten geschlossen. *Eintrittsgebühr 244 S/.*

MACHU PICCHU ★ [139 D2]

Die Ruinen von Machu Picchu („Alter Gipfel") am Vulkan Huayna Picchu (2743 m) in der Schlucht des Río Urubamba (112 km nordwestlich von Cuzco) wurden 1911 von dem Amerikaner Hiram Bingham entdeckt. Die Ruinen von rund 200 Gebäuden verteilen sich auf etwa 100 ha der Bergkuppe, getrennt durch einen großen Platz *(Inti Pampa)* in Unter- und Oberstadt. Man passiert die Ackerbauterrassen, Reste einer Stadtmauer und eines Stadttores, die engen Gassen der „zentralen Gruppe" *(Yachay Wasi)*, sieht das Haus des Inka *(Inka Wasi)* und – am höchsten Punkt – das Heiligtum *Inti Watana* (auch als Sonnenwarte interpretiert). Es gab Brunnen und Wasserleitungen und Wohnhäuser; vermutlich lebten rund 2000 Menschen in der Stadt. Doch welche Bedeutung sie einst hatte, ist ebenso wenig geklärt wie die Frage, warum man hier überwiegend weibliche Mumien fand.

Günstige Tickets für die dreistündige Zugfahrt (Abfahrt 6 Uhr, Rückkehr frühestens 15 Uhr des gleichen Tages) und die Busfahrt von bzw. nach Aguas Calientes hinauf auf den Berg zur Ruinenstätte gibt es bei jeder Reiseagentur oder online unter *www.incarail.com.pe* zu kaufen. Luxuriöse Alternative: der *Hiram Bingham-Zug* (Insider Tipp) von *Perurail/Orient-Ex-*

press: mit Brunch an Bord und Afternoon Tea in der *Machu Picchu Sanctuary Lodge (Tel. 084/211039 | Fax 211053 | Website für Zug und Hotel: www.sanctuarylodgehotel.com | €€€)* direkt am Eingang der Ruinenstätte. Die Eintrittskarte in die Ruinenstätte kostet *122 S/. (ca. 32 Euro). http://machupicchu.perucultural.org.pe*

Händlerinnen auf dem Markt von Chinchero

VALLE SAGRADO DE LOS INCAS [139 D2–3]

Das „heilige Tal der Inka“ erstreckt sich längs des *Río Vilcanota* (später Urubamba) zwischen *Pisac* und *Ollantaytambo* – rund 120 km vor Machu Picchu. Zum Ausgangspunkt Pisac sind es von Cuzco 32 km auf guter Straße. Rund 300 m über dem Ort erstreckt sich das inkaische Pisac mit dem Heiligtum *Intiwatana* (Anfahrt 9 km über ein Seitental). Über die kleinen Talorte Yucay und Urubamba erreicht man das in einer Talenge gelegene Dorf *Ollantaytambo* mit der eindrucksvollen Ruine einer terrassenartig angelegten Inkafestung. Der Haupttempel auf dem Gipfel besteht aus sechs unversehrten rötlichen Monolithen.

ICA

[138 A3] **Das 1536 unter dem Namen *Villa de Valverde* gegründete heutige Zentrum des peruanischen Weinanbaus liegt 300 km von Lima entfernt in Küstennähe.** Dank seiner guten Infrastruktur entwickelt sich Ica (235 000 Ew.) zum Ausgangspunkt für die Sehenswürdigkeiten der Umgebung: Sozusagen

„um die Ecke" liegt z. B. die hübsche Oase *Huacachina*. Zur ★ *Halbinsel Paracas* mit den vorgelagerten *Islas Ballestas* ist es von Ica ca. eine Busstunde (80 km). Auch die *Linien von Nazca* (180 km) haben die Ausflugsagenturen der Stadt bereits im Programm. Die durch das Erdbeben von 2007 in Ica entstandenen Schäden sind inzwischen behoben.

SEHENSWERTES

BODEGA TACAMA

Das schmucke Weingut (auch Pisco-Herstellung) verfügt über eine Anbaufläche von über 200 ha. *Zufahrt nordöstlich der Stadt an der Panamericana Sur 294,3 (Poblado Collazos) | Tel. 056/228395 | 15-min. Besichtigung und Verkostung tgl. 9.15–17 Uhr | www.tacama.com*

CASONA DEL MARQUÉS DE TORRE HERMOSA

Der koloniale Palast wird, seit ihn Südamerikas Befreier Simón Bolívar auf seiner Durchreise in Ica bewohnte, auch *Casa Bolívar* genannt; sehr schönes Rokokoportal. *Calle Libertad/Plaza de Armas*

MUSEO DE PIEDRAS GRABADAS

Die Steine mit den angeblich präkolumbischen Ritzzeichnungen stapeln sich hier bis unter die Decke. *Bolívar 170/Plaza de Armas | Mo–Fr 10–13, 16.30–19 Uhr | Eintritt 10 S/. | www.museodepiedrasgrabadasdeica.com.pe*

Insider Tipp MUSEO REGIONAL DE ICA ADOLFO BERMÚDEZ JENKINS

Das schon 1946 eröffnete Regionalmuseum ist nach seinen Gründern benannt. Zu sehen sind u. a. die Mumien und seltsam verformten Menschenschädel der Paracas- und Nazca-Kultur, viele mit Spuren chirurgischer Eingriffe. *Av. Ayabaca (zwischen Tupac Amarú und J. J. Elias) | Mo–Fr 8–19, Sa/So 9–18 Uhr | Eintritt 10 S/.*

ESSEN & TRINKEN

CARNE Y PESCADO

Gemütlich zwischen Antiquitäten und alten Fässern vorzüglich peruanisch oder Fisch speisen. *Tgl. | Av. J. J. Elias 417 | Tel. 056/228157 |* €€

HUARANGO GRILL

Beliebter Familientreff, abends Karaokebar (im Obergeschoss). Spezialität sind gegrillte Hähnchen. *Tgl. ab 12.30, Bar ab 20 Uhr | Av. San Martín/Abraham Valdelomar | Tel. 056/221649 |* €

SOY PERU Insider Tipp

Feines überdachtes Patiorestaurant für peruanische Spezialitäten, stilvoll serviert. *Tgl. 12–17 Uhr | Salaverry 329 | Tel. 056/229422 |* €€

ÜBERNACHTEN

EL CARMELO

Angenehmes Hotel im Haciendastil mit Pool, Restaurant und gemütlicher Bar. *60 Zi. | Panamericana Sur, km 301,5 | Tel./Fax 056/23 21 91 | www.elcarmelohotelhacienda.com |* €

LAS DUNAS

Das Ferienresort ist *die* touristische Drehscheibe der südlichen Küste. Park, Pool mit Sonnenterrasse, Kinderspielplatz. *106 Zi. | Av. La Angostura 400 | Tel./Fax 056/25 62 24 | www.lasdunashotel.com |* €€–€€€

SOL DE ICA
Kastiger Betonbau, nett aufgemöbelt, zentral und nicht teuer. *63 Zi. | Calle Lima 265 | Tel./Fax 056/23 61 68 | www.hotelsoldeica.com* | €

EINKAUFEN

CHOCOLATES HELENA
Leckeres aus Schokolode, nett präsentiert. *Cajamarca 139,* Fabrik: *Nicolás de Rivera el Viejo 227, Urb. Lurén*

AUSKUNFT

DIRECCIÓN REGIONAL DE TURISMO
Av. Jerónimo de Cabrera 426, Urb. Lurén | Tel./Fax 056/22 72 87 | ica@mincetur.gob.pe

ZIEL IN DER UMGEBUNG

OASE HUACACHINA [138 A3]
Der Name der zauberhaften, kleinen Oase, die nur wenige Kilometer von Ica entfernt liegt, erinnert an den heiligen Ort (*huaca*) einer Frau (*china*), die so viele Tränen um ihren verstorbenen Geliebten weinte, dass diese eine Lagune in der Wüste bildeten. Vom Kamm der umliegenden Dünen bietet der Ort ein traumhaftes Fotomotiv. Übernachtung: *El Huacachinero | Av Perotti s/n | Balneario de Huacachina | Tel. 056/21 74 35 | www.elhuacachinero.com* | €€

NAZCA

[138 B4] **Eine geheimnisvolle Welt umgibt das ziemlich unscheinbare Städtchen (35 000 Ew.), das 140 km südlich von Ica in der Pampa Colorada an der Panamericana liegt.** Diese Pampa durchziehen über ein Gebiet von rund 700 km² die weltberühmten *Linien von Nazca:* rund 1000 Jahre alte Geoglyphen, die

Spektakulär von Sanddünen umgeben: Oase Huacachina bei Ica

aus der Bodenperspektive nicht viel mehr als Wege zu sein scheinen, aus der Luft gesehen aber die Umrisse z. B. von Tieren und anderen Figuren oder Ornamente zu erkennen geben. In der Nähe von Nazca liegen auch die 2300 Jahre alten Zeichen von Palpa, das Gräberfeld Chauchilla und uralte, kilometerlange unterirdische Leitungen zur Feldbewässerung. *www.visitanasca.com*

ESSEN & TRINKEN

EL PORTÓN

Im schönen Garten können Sie bei der Zubereitung der Steaks auf dem Grill zusehen. *Tgl. | Ecke Calles Morsesky/Lima | Tel. 056/523490 | www.elportonrestaurante. com* | €€

LA TABERNA

Gemütlicher Treff zu herzhaften lokalen Speisen und Bier. Jeder Besucher kritzelt seinen Namen an die Wand. *Tgl. | Jr. Lima 321 | Tel. 056/523803* | €€

EINKAUFEN

EL TALLER CALLE

Insider Tipp

Im Laden der Familie Calle kann man erleben, wie auf traditionelle Weise ohne Drehscheibe getöpfert wird, und schöne Keramik erwerben. *Pasaje Torrico 240 | Barrio de San Carlos*

ÜBERNACHTEN

ALEGRÍA

Hotel einer regen Ausflugsagentur, gleich neben der Haltestelle der Fernbusse aus Lima nach Arequipa. *48 Zi. | Jr. Lima 166 | Tel./Fax 056/522497 | www.hotelalegria.net* | €

CASA ANDINA CLASSIC-NAZCA

In der gepflegten Hotelanlage, die hübsch in einen tropischen Park eingebettet ist und einen Pool bietet, lebte zuletzt die Linienforscherin Maria Reiche. *60 Zi. | Jr. Bolognesi 367 | Reservierung (Lima) Tel. 01/2139739| www.casa-andina.com* | €€

> GRINGA LOCA

Maria Reiche erforschte die Linien von Nazca

Man nannte sie in Peru *gringa loca* (verrückte Weiße) oder sogar *bruja* (Hexe). Auch die Wissenschaftler in Europa und den USA nahmen ihre Arbeit lange Zeit nicht ernst. Doch als die gebürtige Dresdnerin Maria Reiche, die ihre Zeit in Peru 1932 als Hauslehrerin beim deutschen Konsul in Cuzco begonnen hatte, am 8. Juni 1998 im Alter von 95 Jahren starb, da trauerte das ganze Land um sie. Bei einem Vortrag des nordamerkianischen Wissenschaftlers Paul Kosok, der die Linien von Nazca vom Flugzeug aus entdeckt hatte, war sie 1939 als Dolmetscherin mit dem Thema in Berührung gekommen. Fortan widmete sie sich der Erforschung der Linien von Nazca und machte sie in weltweiten Vortragsreisen und in ihrem Buch „Geheimnis der Wüste" (1968) berühmt. 1993 überreichte Staatspräsident Alberto Fujimori der studierten Mathematikerin und Geografin den „Orden del Sol" (Sonnenorden), eine der höchsten Auszeichnungen des Landes.

DON AGUCHO HOSTAL
Gepflegte Villa in blühendem Garten, familiäre Atmosphäre. Die Besitzer betreiben an der Pazifikküste auch eine kleine Strandpension (1 Autostd. entfernt). *40 Zi. | Av. Los Paredones/Av. San Carlos 100 | Tel. 056/50 67 02 | Fax 52 20 48 | www.hoteldonagucho.com* | €

ZIELE IN DER UMGEBUNG

CHAUCHILLA [138 B4]
Mit seinen offenen Schaugräbern, in denen Knochen und noch gut konservierte, rund 1000 Jahre alte Mumien der Poroma-Kultur belassen wurden, umgibt das Gräberfeld eine gespenstische Atmosphäre. Windumtost liegt es ca. 30 km süddlich von Nazca. *Tgl. 8–16.30 Uhr | Eintritt 5 S/.*

LINIEN VON NAZCA ★ [138 B4]
Die Scharrbilder im Boden der Pampa Colorada entdeckten 1926 zwei amerikanische Archäologen, bekannt aber wurden sie durch die

Eines der rätselhaften Scharrbilder von Nazca: die Spirale

Deutsche Maria Reiche, die ihr Leben der Erforschung der Linien widmete. Insgesamt zählte man über 100 geometrische Figuren wie Spiralen, Linien oder trapezförmige Flächen und rund 30 Menschen- oder Tierzeichnungen – alle etwa 2000 Jahre alte, alle immer noch unentschlüsselte Botschaften. Maria Reiche hielt sie für eine Art „astronomischen Kalender". Inzwischen sehen die meisten Wissenschaftler in den Linien Relikte eines Wasserkults. Die größte Figur ist ein abstrahierter Vogel mit gewundenem Hals (110 m lang), die schönste der 70 m große Affe, die drolligste der Marsmensch mit den kugelrunden Augen.

An der Panamericana Sur (km 420, ca.25 km vor Nazca) liegt das Insider Tipp *Casa Museo Maria Reiche,* in dem ihre Arbeit dokumentiert ist *(Mo–Fr 9–19, Sa 8.30–18.30, So 9–13 Uhr | Eintritt 10 S/. | Caserío la Pascana | San Pablo)*. Tickets für Rundflüge *(30–45 Min. | 95 US $)* verkaufen die Reiseagenturen in der Stadt oder die Fluggesellschaften am Flughafen „Maria Reiche" (nur für kleine Maschinen). Für Eilige gibt's bei km 425 einen Aussichtsturm *(tgl. 8–17 Uhr | Eintritt 2 S/.)* – doch viel sieht man aus dieser Perspektive nicht.

Insider Tipp **PALPA** [138 B3–4]

Weitere 1500 Geoglyphen, die meisten aus der späten Paracas-Periode (300 v. Chr.) sowie etwa 650 archälogische Stätten breiten sich unweit von Nazca bei Palpa aus. Auch Maria Reiche hat sie schon studiert. 2006 wurden einige restauriert und ein Museum eröffnet. *Panamericana Sur, km 395*

PUNO

[139 E4] **Die „Folklorehauptstadt" Perus (3855 m) breitet sich landschaftlich schön am Westhang einer großen Bucht des Titicacasees aus: vor Augen die schwimmenden Inseln *(Islas Flotantes)* aus Schilf, auf denen die Nachfahren der von den Inka nicht bezwingbaren Uros leben, im Rücken der Hausberg Huajsapata mit dem Denkmal des ersten Inka Manco Capac.** Der Legende nach kam er mit Mama Ocllo von der Sonneninsel im See (auf bolivianischer Seite) und ging in der Bucht von Puno an Land, um von hier aus einen Platz für die Hauptstadt seines Reichs zu finden. An die Präsenz der Inka erinnern nahe bei

Auch Puno hat seine Plaza de Armas: kunstvoll beschnittene Bäume vor der Kathedrale

Puno auch die runden Grabtürme des archäologischen Komplexes von Sillustani.

Den Mangel an eigenen Attraktionen macht die 1668 gegründete Stadt (120 000 Ew.) durch Aktivitäten auf folkloristischem Gebiet wett: Neben Veranstaltungen wie der *Fiesta de la Virgen de la Candelaria* zu Mariä Lichtmess (Feb.) haben sich der *Karneval* und die zu Ehren von Manco Capac gefeierte *Puno-Woche* (1.–7. Nov.) zu Touristenmagneten entwickelt. Neben den Nachfahren der Uros leben hier überwiegend *indígenas* vom Volk der Aymará.

SEHENSWERTES

MUSEO MUNICIPAL/ MUSEO CARLOS DREYER

Kombination aus Stadtmuseum und einer privaten Sammlung präkolumbischer Funde der Region. *Calle Conde de Lemos 289 | tgl. 10–22 Uhr | Eintritt 10 S/. | www.munipuno.gob.pe/puno/mu_dreyer.php*

ESSEN & TRINKEN

APU SALKANTAY

Vier mit Holz dekorierte Salons und eine Bar schaffen in diesem angesagten Lokal eine angenehm intime Atmosphäre. Einheimische und internationale Küche. *Tgl. | Lima 425 | Tel. 051/36 39 55 |* €€

LA CASONA

In diesem antiquarisch dekorierten Lokal können Sie aus einer viersprachigen Menükarte (auch Dt.) wählen. *Tgl. | Jr. Lima 517 | Tel. 051/35 11 08 | www.lacasona-restaurant.com |* €

GIORGIO

Italienisch oder peruanisch? In diesem zentral gelegenen Lokal wird beides geboten. Besonders groß ist die Auswahl typischer Landeskost. *Tgl. | Jr. Lima 430 | ab 18 Uhr Livemusik | Tel. 051/36 77 71 | www.hellopuno.com/giorgio/ |* €€

ÜBERNACHTEN

LA HACIENDA

Wer sich in diesem gepflegten Haus einmietet, hat Punos Attraktionen gleich vor der Haustür und die zentrale Plaza de Armas um die Ecke. Große Zimmer, guter Service. *51 Zi. | Jr. Deustua 297 | Tel./Fax 051/365134 oder 356109 | www.laha ciendapuno.com |* €€

HOTEL LIBERTADOR PUNO

Bestes Haus am Platz, auf der *Isla Esteves* im Titicacasee, 5 km von der Stadt entfernt. Restaurant, Bar, Disko. *123 Zi. | Isla Esteves s/n | Tel.*

051/36 77 80 | Fax 36 78 79 | www.libertador.com.pe | €€€

MOSOQ
Sehr gut geführtes und entsprechend beliebtes kleines Hotel unweit der Kathedrale. Auch Abholdienst vom Busbahnhof. *15 Zi. | Jr. Moquegua 673 | Tel./Fax 051/367518 | www.mosoqinn.com | €*

Typisch für die Webarbeiten der Isla Taquile sind die Farben Rot und Weiß

TAYPIKALA
Das phantasievoll und behaglich eingerichtete Hotel liegt am Ufer des Titicacasees, 18 km vor der Stadt. Großer Garten mit Terrasse, medizinischer Service, umfangreiche Wellnessangebote. *43 Zi. | Panamericana Sur, km 18, Chucuito | Tel. 051/792252 | Fax 353473 | www.taypikala.com | €€*

Insider Tipp

AUSKUNFT

(I) PERÚ
Ecke Jr. Deustua/Jr. Lima | Tel./Fax 051/365088 | iperupuno@promperu.gob.pe | www.punored.com

ZIELE IN DER UMGEBUNG

CHUCUITO/INCA UYO [139 F4]
In dem 18 km von Puno entfernten Fischerdorf (3890 m) am Titicacasee wurde in den 1970er-Jahren ein Zeremonialzentrum mit phallusähnlichen Säulen gefunden. Es diente wohl der Beobachtung des für die Aussaat günstigen Sonnenverlaufs sowie einem Fruchtbarkeitskult. Der *Inca Uyo* (auch „Phallischer Tempel" genannt) ist in einen rechteckigen Komplex eingebettet. Die Ausgrabungsstätte liegt gegenüber der ältesten

Kirche auf dem Altiplano, der 1534 erbauten *Iglesia Santo Domingo*.

ISLAS FLOTANTES ★ [139 F4]

Von den legendären dunkelhäutigen Uros, die sich selbst *Kotsuña* (Seemenschen) nannten und die die Inka nie unterwerfen konnten, blieben Siedlungen auf rund 40 schwimmenden Inseln, auf denen heute noch jeweils 30–50 Uro-Nachfahren leben. Um die Tradition des Schilfinselbaus am Leben zu erhalten, richtete man auf der 64 x 36 m großen *Totani Pata* und auf dem *Wuaca-Wuacani*-Inselkomplex Schulen ein, in denen diese Kunst überliefert wird. *5 km östlich von Puno, 20 Min. mit dem Boot*

Insider Tipp ISLA DE TAQUILE [139 F4]

Uralte Terrassenanlagen, auf denen u.a. Kartoffeln angebaut werden, Ruinenstätten der *Pukara-Kultur* (um 1500 v. Chr.) und alte religiöse Feste verzaubern diese 40 km von Puno entfernte Insel im Titicacasee. Obwohl nur 1 km breit und 7 km lang, ist sie heute von rund 2200 Menschen bewohnt. Für sie stellt der Tourismus die wichtigste Erwerbsquelle dar. Typisches Souvenir sind die rotweißen Textilarbeiten. Rot-Weiß sind auf der Insel die Signalfarben für Singles auf Brautschau. *35 km östlich von Puno, 3 Std. mit dem Boot | www.isladetaquile.com.pe*

SILLUSTANI [139 E4]

Die wichtigste archäologische Stätte der Aymará- (oder *Colla-*)Kultur liegt 25 km westlich von Puno am Ufer der *Laguna Umayo* auf der Halbinsel Sillustani. Um 1200 n. Chr. errichteten die Aymará runde *chullpas*, Begräbnistürme für bedeutende Persönlichkeiten und deren Familien, ein Brauch, den die Inka nach der Eroberung des Gebiets (1445) fortsetzten. Nur neun der 35 erhaltenen *chullpas* stammen noch aus der Aymarázeit, darunter wohl auch die größte, die *Chullpa del Lagarto* (über 12 m) Ein Museum zeigt Ausgrabungsfunde. *Tgl. 7–18 Uhr | Eintritt 8 S/.*

> DISZIPLIN, STRENGE, FLEISS

Das Inkareich war straff organisiert

Das Inkareich *Tahuantinsuyo* reichte 1471 bis 1533, der Zeit seiner größten Ausdehnung, von Kolumbien bis Südchile und von der Pazifikküste bis zu den Ostflanken der Anden in das Amazonasbecken. Nur mit straffer Organisation, guten Straßen und Brücken, Zollstationen und strengen Gesetzen konnte ein solch riesiges Herrschaftsgebiet kontrolliert werden. Ackerbau wurde im Inkareich in sogenannten *ayllus* betrieben, einer Art kollektiven Landbesitzes, der anfänglich nur von verwandten Familien, später von der Dorfbevölkerung gemeinschaftlich bewirtschaftet wurde. Die Früchte ihrer Arbeit mussten die Dorfbewohner abgeben: einen Teil für die Arbeiter, den zweiten an den Inkafürsten, den dritten für Kranke, Kinder und Alte. Das Zusammenleben regelten vor allem die drei wichtigsten Gebote: „Sei kein Dieb, sei kein Lügner, sei nicht faul!" *http://incas.perucultural.org.pe*

> DIE „GRÜNE HÖLLE"

Wo der Amazonas sich aus vielen Zuflüssen formt, erwartet Regenwaldfans eine phantastische Artenvielfalt

> Peru ist die Wiege des Amazonas, eine Welt voller Magie und Legenden. Tatsächlich birgt der Urwald um die Zuflüsse, die hier das größte Flusssystem der Erde bilden, die größte Artenvielfalt unseres Planeten.

Eines der wertvollsten Gebiete setzte die Unesco auf die Welterbeliste: den Nationalpark *Manú* in der Provinz Madre de Dios. Er gehört zum südlichen Amazonasgebiet Perus, das an Bolivien grenzt und sich dort mit dem Nationalpark *Madidi* fortsetzt *(s. S. 100)*. Zwischen der bolivianische Grenze und dem Río Madre de Dios, dessen Namen die Provinz trägt, breiten sich weitere artenreiche Schutzgebiete aus, allen voran das Reservat *Tambopata*. Tor zu den Urwaldlodges dieser Region ist die Provinzhauptstadt *Puerto Maldonado*. Aus den gewaltigen Wasseradern des Südens wird im Nordosten Perus der Amazonas. Besuchermagnet ist dort

Bild: Yagua-Indianer auf dem Amazonas

AMAZONIEN

Iquitos, die alte Stadt der Kautschukbarone und heutige Hauptstadt der Provinz Loreto. Sie macht Urwaldtrips für jeden möglich.

IQUITOS

[133 D4] **Iquitos blickt auf eine bewegte Vergangenheit zurück: Mitte des 17. Jhs. entstand die Jesuitenmission Santa Bárbara de Iquitos. Als die Stadt 1757 gegründet wurde, gehörte sie zu Ecuador.** In Zeiten des Kautschukfiebers, gegen Ende des 19. Jhs., boomte die Stadt. Die Gummibarone ließen prächtige Paläste erbauen, die Iquitos zum Teil heute noch zieren. 1941 wurde die Stadt von Peru erobert. Heute ist Iquitos Hauptstadt der Provinz Loreto und hat 450000 Einwohner. Der Hafen ist versandet, Handelsverkehr findet kaum noch statt, aber Wassertaxis und Dampfer starten zu Flussfahrten bis nach Kolumbien und Brasilien. Auf der Uferpromenade *(Malecón)* kann man mit Blick auf den durch Sandbänke entrückten Amazonas flanieren und Federschmuck der Indianergemeinden von den umliegenden Flüssen Amazonas, Napo,

Auf dem Canopy Walkway

Ucayali, Marañón und Nanay kaufen. Die schönsten Flussstrände sind Tunchi Playa an der Laguna Quistococha und die Playas Santa Clara und Santo Tomás am Río Nanay. Die Lodges liegen unterschiedlich weit außerhalb, bis zum 180 km entfernten Naturschutzgebiet *Pacaya-Samiria,* mit 21 000 km² das größte Perus.

Insider Tipp

SEHENSWERTES

BELÉN

Das Viertel der Pfahlhäuser, das bei Hochwasser (Jan.–März) von Wassergassen durchzogen ist. Ein uriger Markt aus Bretterverschlägen bildet den Anfang des Viertels.

CASA DE FIERRO

Das seltsame Eisenhaus entwarf Gustave Eiffel für die Weltausstellung 1887 in Paris. Der Kautschukbaron de Águila ließ es mit dem Schiff stückweise nach Iquitos importieren. *Plaza de Armas | tgl. 8–20 Uhr*

PILPINTUHUASI BUTTERFLY FARM

Insider Tipp

Non-Profit-Schutzstation für Wildtiere und Perus einzige Schmetterlingsfarm, betreut von der Österreicherin Gudrun Sperrer. *Di–So 9–16 Uhr | Eintritt 20S/. | Padre Cocha (am Río Nanay), Anfahrt mit dem Boot vom Strand Bellavista | www.amazonanimalorphanage.org*

ESSEN & TRINKEN

AL FRÍO Y AL FUEGO

Ein schwimmendes Restaurant: etwas Besonderes für Romantiker und Genießer. *Mo geschl. | Avenida Marina 1 | www.alfrioyalfuego.com |* €€€

FITZCARRALDO

Mit Flussblick am Boulevard gelegen, dekoriert mit Bildern des gleichnamigen Films von Werner Herzog, dazu gute Küche: *die* Adresse für Amazonas-Romantiker. *Tgl. | Napo 100 | Tel. 065/23 65 36 |* €€–€€€

HUASAI

Lokale Spezialitäten wie Reissuppe oder frittierter Paiche-Fisch sind hier der Renner. Sehr populär. *Tgl., nur mittags | Fitzcarrald 131 | Tel. 065/ 24 22 22* | €

ÜBERNACHTEN

ACOSTA

Einfaches Hotel, zwei Blocks vom Hauptplatz entfernt. Zur Hotelgesellschaft gehören auch das Suitenhotel *Victoria Regia (www.victoriaregiahotel.com)* und die *Heliconia-* und *Zungarococha-Lodges (www.amazonriverexpediti ons.com). Jiron Huallaga 254/Calvo de Araujo s/n | Tel. 065/ 23 17 61, 23 59 74 | www.hotelacosta.com* | €

EL DORADO PLAZA

Schickes Hotel mit Pool, gutem Restaurant und der angesagten Insider Tipp Disko Noa *(Do–Sa)*. Mit Schwesterhotel *El Dorado Isabel Hotel & Suites* gehört es zu den besten im Ort. *65 Zi., | Jr. Napo 252 | Tel. 065/22 25 55 | www.grupo-dorado.com* €€–€€€

LODGES & AUSFLÜGE

EXPLORAMA TOURS

Erfahrener Anbieter von Dschungeltrips, der mehrere Logdes im Umkreis von Iquitos betreibt und außerdem den 450 m langen ★ *Canopy Walkway* (eine Hängebrücke in den Baumkronen) gemietet hat. *Reservierung: Explorama Lodges, Box 446 | Tel. 065/25 25 30 | Fax 25 25 33 | http://deutsch.explorama.com/*

SCHIFFSVERBINDUNGEN

Schiefertafeln am Hafen bei der Av. La Marina zeigen täglich die Abfahrtszeiten der Schiffe nach Pucallpa (flussaufwärts über den Río Ucayali, 5 Tage) nach Ecuador (flussabwärts über den Río Napo, 3 Tage) oder flussabwärts auf dem Amazonas nach Empfehlenswert sind die Schiffe von Insider Tipp *Amazon Cruise Lines (www.amazoncruiselines.com)*. Über Schiffsverbindungen ab Iquitos informiert auch *www.amazoncruise.net*.

AMAZON ACTION JUNGLE LODGE

Die teils deutschsprachig betreute Lodge liegt versteckt an einem Seitenarm des Amazonas nahe des *Pacaya-Samiria*-Reservats. Medizinisch wirksame Pflanzen studieren mit Heilpraktikern, Tierbeobachtung und Expeditionen mit dem Boot, Sport, Action und Abenteuer. 5-Tage/4-Nächte- oder 3Tage/2-Nächte-Arrangements ab 280 US$/Pers. *10 Holzbungalows (mit Bad) | Reservierung in Lima: C. Roma 240 B | Miraflores | Tel. 01/446 08 65 | Handy 993 97 81 17 | www.perujungleadventure.com*

AM ABEND

TEATRO CAFÉ AMAUTA

Urgemütliche Kneipe für Musikfreunde. *Mo–Sa 18 Uhr bis open end (Livemusik 22–24 Uhr) | Nauta 248*

MARCO POLO HIGHLIGHTS

★ Canopy Walkway
Durch die Baumkronen spazieren: Die Hängebrücke bei Iquitos macht's möglich (Seite 87)

★ Parque Nacional Manú
Amazoniens Garten Eden, der Welt artenreichster Regenwald-Nationalpark (Seite 88)

AUSKUNFT

(I) PERÚ

Calle Loreto 201 (Plaza de Armas) | Tel./Fax 065/236144 | iperuiquitos@promperu.gob.pe

PUERTO MALDONADO

[139 F2] **Paranüsse und Gold begründeten Anfang des letzten Jahrhunderts den ersten wirtschaftlichen Aufschwung von Puerto Maldonado (25000 Ew.), der Hauptstadt der Provinz Madre de Dios.** Am Zusammenfluss von Río Tambopata und Río Madre de Díos gelegen, erschließt sich von der Stadt über diese Urwaldströme und deren Seitenarme ein riesiges Urwaldgebiet bis an die Grenze Boliviens. Es steht heute größtenteils unter Naturschutz und bietet Einrichtungen für einen umweltverträglichen Naturtourismus. Puerto Maldonando wird heute gern Perus Hauptstadt der Biodiversität genannt. Schließlich gehört zu ihrem Gebiet auch noch der weiter nordwestlich am Río Madre de Dios und Río Manú gelegene Nationalpark *Manú*. www.hellomadrededios.com

> LOW BUDGET

- Freier Eintritt für Ladies: Damit lockt jeden Donnerstag die Disko *Noa-Noa (Mi–Sa 22–3 Uhr | Fitzcarraldo 258)* in Iquitos.
- Günstig wie bei Muttern speisen kann man in der *Casa de Lídia* in Iquitos *(So geschl. | Bolognesi 1181)*, vorausgesetzt, man freundet sich mit einfacher peruanischer Küche an wie z.B. Reis mit Huhn, in ein Blatt eingewickelt *(juane)*.
- Achtung Globetrotter: Dank der *Carretera Interoceanica* sind die 230 km von Puerto Maldonando bis Iñapari am Río Acre, dem Grenzfluss nach Brasilien, keine Tagesreise mehr, sondern in 3 Std. und für nur 26 S/. im Sammeltaxi (*taxi colectivo*, Abfahrten Calle Ica) absolviert. Am Ziel muss man dann nur noch nach Assis Brasil übersetzen – und ganz Brasilien steht einem offen ...

ESSEN & TRINKEN

EL MIRADOR

Frisches aus dem Fluss zum schönen Blick in rustikaler Bude. *Tgl., nur mittags | Parque de la Juventud* | €

ÜBERNACHTEN

CABAÑA QUINTA

Das Hotel besticht mit einer guten Lage (zwei Blocks von der Plaza entfernt), sympathisch-rustikalem Tropenflair, einem sehr guten Restaurant und einem Poolgarten. *54 Zi. | Jr. Cuzco 535 | Tel. 082/571045 | www.hotelcabanaquinta.com.pe* | €–€€

WASAI LODGE & EXPEDITIONS

Holzstege, Hütten (Bad, TV, Balkon) und Pool nur einen Block hinter der Plaza de Armas. Eigene Lodge, Führer, Ausflüge. *18 Bung. | Jr. Guillermo Billinghurst s/n/Plaza Grau 1 | Tel./Fax 082/571355 | www.wasai.com/puertomaldonado.htm* | €–€€

ZIELE IN DER UMGEBUNG

PARQUE NACIONAL MANÚ [139 D1–2]

★ Mit 1,7 Mio. ha ist der Nationalpark Manú halb so groß wie die Schweiz und dabei das wohl artenreichste Regenwaldreservat der Erde: Allein 200 Baumarten kommen hier pro Hektar vor – in ganz Europa gibt es nur 160 – und 1000 von 9000 insgesamt auf der Welt existierenden

Regenwaldpiste im Nationalpark Manú: Da bleibt auch ein Jeep mal stecken

Vogelarten. Seit 1987 trägt er das Etikett Unesco-Welterbe. Tor zum Park ist *Boca Manú* am Zusammenfluss von Río Madre de Dios und Río Manú. Dort landen die Flugzeuge aus Cuzco, und von dort geht's weiter zur gebuchten Lodge. Mehrere Lodges im Angebot hat *Inkanatura Travel (Büro in Puerto Maldonado: Jr. San Martin 755 | Tel./Fax 082/ 571037 | www.in kanatura.com/ deutsch).*

LA RESERVA NACIONAL TAMBOPATA [139 F2]

Bildet mit dem *Parque Nacional Bahuaja-Sonene*, der nicht besucht werden kann, ein riesiges (3,7 Mio. ha) Regenwaldschutzgebiet zwischen Puerto Maldonados beiden Flüssen und der Grenze zu Bolivien. Südlich über den Río Tambopata kommt man zu den Seen *Lago Cococochа* und *Lago Condenado;* hier befinden sich die meisten Lodges, z.B. die *Libertador Tampopata Lodge (3 Tage/2 Nächte ab 758 US$ | www.tambopatalodge.com)* oder die *Reserva Amazónica* der Unternehmensgruppe *Inkaterra (3 T./2 N. ab 800 US$ | www.inkaterra.com);* sie betreibt auch ein Canopy-Zentrum mit Hängebrücken, Insider Tipp Beobachtungsplattformen und einem Anaconda-Walk und hat ein Besucherabkommen mit den ansässigen Ese'Eja-*indígenas.* Beliebtestes Ausflugsziel ist der Lehmfelsen der Papageien, der *Collpa de Guacamayos.*

> ZWISCHEN SONNENINSEL UND SILBERBERG

Von La Paz zum bolivianischen Titicacasee, nach Sucre, Potosí und Santa Cruz

> Das Land mit dem höchsten Anteil an Indianerbevölkerung in Südamerika wirbt gern damit, das „wärmste" Andenland zu sein, zumindest, was die *calor humano* angeht, die menschliche Wärme.

Klimatisch aber ist es in seiner Kernregion, dem Andenhochland, auf Grund der extremen Höhen um 4000 m nachts so kalt, dass ein Hotelzimmer mit Heizung als Wohltat empfunden wird. Tagsüber gleißt die Sonne dann so stark, dass man eine Sonnencreme mit dem höchsten Schutzfaktor nehmen muss. In Tiwanaku z.B., dem schattenlosen Ruinenfeld einer rätselhaften Kultur, haben die Fremdenführer zur Not schon mal ein paar Tropfen Sonnencreme übrig.

Tiwanaku breitet sich am Fuß der Königskordillere aus, die mit ihren stolzen, schneebedeckten 6000er-Gipfeln den südlichen Breitengrad vergessen lässt. Die Luft im Hoch-

Bild: Salar de Uyuni

BOLIVIEN

land ist dünn. Auch Sportliche müssen viele Pausen einlegen, wenn sie durch die steilen Gassen von Potosí bummeln, der mit über 4000 m höchstgelegenen Stadt der Welt am Cerro Rico. Die Altstadt ist Unesco-Welterbe wie das nahe Sucre. Im Gegensatz zum strahlend frisch gestrichenen Sucre wirkt Potosí wie eine morbide Prachtkulisse aus vergangenen Glanzzeiten. Aus den Bergwerken im Cerro Rico förderten die Spanier einst so viel Silber, dass sie damit eine Brücke bis Europa hätten bauen können.

Heute ist Bolivien das ärmste der Andenländer. Nur ein geringer Teil der Straßen ist asphaltiert, der Rest sind abenteuerliche Pisten. Die schlechten Transportwege lähmen die Wirtschaft. Aber sie beflügeln den Geist des Reisenden. Ein unvergessliches Erlebnis ist beispielsweise die Fahrt zu den tiefen Tälern der

Yungas am Ostrand der Königskordillere. Im östlichen Tiefland hingegen sorgte der Bau der Straße von Cochabamba, der landwirtschaftlichen Metropole der Mitte, zur Erdöl-

Straßenszene in La Paz

und Schmugglerstadt Santa Cruz an der Grenze zu Brasilien dafür, dass Santa Cruz zur Boomtown wurde. Die tropischen Temperaturen in Santa Cruz verraten es bereits: Der Urwald ist nicht weit. Er beginnt dort, wo die asphaltierten Straßen enden. Spätestens hier wird klar: Bolivien ist ein Abenteuerland – eins der letzten echten. *www.boliviabella.com*

LA PAZ

KARTE AUF DEN SEITEN 94/95

[144 B1] **La Paz ist Regierungssitz und die zweitwichtigste Stadt des Landes (nach Santa Cruz), nicht aber die Hauptstadt – dieser Titel gebührt Sucre.** Gegründet 1548 von dem Spanier Alonso de Mendoza, liegt die heute 1,2 Mio. Einwohner zählende Metropole zum größten Teil geschützt vor den eisigen Hochlandwinden im tiefen Canyon des Río Choqueyapu – den eisbedeckten Illimani (6439 m) immer im Blick. Wobei die bessere Gesellschaft in den tiefer gelegenen Vierteln *(barrios)* San Miguel oder Zona Sur wohnt. Die Armen müssen mit den kälteren, höher gelegenen Stadtteilen vorlieb nehmen, z.B. El Alto (4100 m). Im Zentrum, nahe der Plaza San Francisco, treffen sich die verschiedenen Bevölkerungsgruppen wieder: Rund um die Geschäftshäuser der Weißen und Mestizen wogt ein bunter (Souvenir-)Markt der *indígenas.*

La Paz ist Ausgangspunkt für Touren an den Titicacasee und in die Yungas, die tropischen Täler im Osten der Königskordillere. Mit dem Bus erreicht man in ca. zweistündiger Fahrt die südöstlich gelegene Karnevalsstadt Oruro. Vorposten für die weitere Erkundung des Landes in Richtung Osten ist die mit dem Flugzeug schnell zu erreichende Stadt Cochabamba.

SEHENSWERTES

BASÍLICA DE SAN FRANCISCO/CENTRO CULTURAL SAN FRANCISCO [94 B3]

Bedeutendste Kolonialkirche der Stadt, 1549–1600 mit üppiger, im Mestizenstil gestalteter Fassade erbaut. Innen prunkt sie mit barocker Ausstattung. Das Kulturzentrum im früheren Kloster nebenan führt in die Geschichte des Franziskanerordens ein. *Plaza San Francisco | tgl. 9–21 Uhr, Führungen 11, 19 Uhr, Krypta nur 14–17.30 Uhr | Eintritt 20 Bs*

Insider Tipp

MERCADO DE LAS BRUJAS ★ [94 B3]

Der berühmte „Hexenmarkt" wird seinem Ruf gerecht: Kräuter, Amulette und andere Glücksbringer, darunter auch getrocknete Lamaembryos, die Glück bringen sollen, wenn sie bei Neubauten eingemauert werden. *Calle Linares/Sagárnaga | tgl. 9–19 Uhr*

MUSEO DE COCA [94 B4]

Eindrucksvolles Museum zur indianischen Kultpflanze Coca, mit Erläuterungen zur Geschichte bis hin zur Herstellung von Kokain für den Drogenkonsum westlicher Zivilisationen. *Calle Linares 906/Sagárnaga | tgl. 10–18.30 Uhr | Eintritt 8 Bs*

MUSEEN AN DER CALLE JAÉN [94 C2]

Der Weg zu dieser hübschen Kolonialgasse (Ecke Pichincha) lohnt gleich fünffach: Im *Museo Costumbrista Juan de Vargas (Calle Sucre Ecke Jaén am Parque Riosinho)* sind u.a. Keramikarbeiten verschiedener Epochen ausgestellt. Die hier gelöste Eintrittskarte für 10 Bs gilt noch für drei weitere Museen *(alle Di–Fr 9.30–12.30, 15–19 Uhr)*: für die benachbarte *Casa de Murillo (Calle Jaén 790)*, das schön restaurierte Wohnhaus des 1810 hingerichteten Freiheitskämpfers Don Pedro Domingo Murillo; für das *Museo de Metales Preciosos (Jaén 777)*, auch *Museo de Oro* (Goldmuseum) genannt, in dem u.a. eine edelsteinbesetzte, goldene Krone zu sehen ist, sowie für das *Museo del Litoral Boliviano (Jaén 189 | auch Sa/So 10 bis 12.30 Uhr)*, wo mit Dokumenten, Gemälden und Uniformen des Pazifischen Krieges von 1879 gedacht

Insider Tipp

MARCO POLO HIGHLIGHTS

★ Andean Roots Cultural Complex
Schönste Einstimmung auf das bolivianische Hochland: Freilichtmuseumskomplex mit geheiztem Hotel (Seite 100)

★ Mercado de las Brujas
Ein Markt (nicht) nur für Abergläubische (Seite 93)

★ Tiwanaku
Rätselhafte Ruinenstätte mit weinenden Göttern (Seite 101)

★ Sucre
Die schönste Stadt Boliviens, prachtvolles Unesco-Welterbe (Seite 103)

★ Potosí
Und noch ein Welterbe – die einst reichste Stadt Lateinamerikas (Seite 106)

★ Samaipata
Auf den Spuren des legendären Revolutionärs Che Guevara (Seite 103)

A
B
C
1
2
3
4
5
6
EDUARDO THAINE
Lidiaques
CHALLAPAMPA
Autopista el Alto
Av. I. Vásquez
Salamánca
Avenida Periferica
Avenida Chacaltaya
Constitución
Omasuyos
Oquendo
D. Salamanca
VILLA DE LA CRU
Avenida Periferica
ZONA NORTE
Zuazo
E. Heat
Avenida Quintanilla Zuazo
Avenida Perú
Terminal de buses (Terrestre)
Plaza Antofagasta
Pedro Kramer
Avenida Armentia
Humahuaca
Sorata
Manco
Av. Kapac
Chuquisaca
Avenida Montes
Vicenta Eguino
Uruguay
Calama
Montenegro
Yanacocha
Quintanilla
Avenida
Estación Central
SAN SEBASTIAN
Pisagua
Plaza Riosinho
Sinosain
Torrelio
Inquisivi
Calle A. Jaén Museos
Av. República
Plaza Kennedy
Avenida Muñecas
Templo de La Recoleta
Templo de Sebastián
CASCO VIEJO
Mariscal
I. Sanjinés
Av. Manco Kapac
América
Plaza Alonzo de Mendoza
Calatayud
Uyustus
Plaza V.J. Eguino
Museo
Pichincha
Teatro Municipal
Sucre
Junín
14 DE SEPTIEMBRE
G. de la Vega
E. Valle
Mercado
Plaza Pérez Velasco
Ingavi
Templo de Santo Domingo
Bolívar
Tumusla
ROSARIO
Murillo
Figueroa
Casa de la Cultura
Museo
Avenida Baptista
Plaza Garita de Lima
Isaac
Buenos Aires
Mercado Artesanal
I. Sanjinés
Comercio
Plaza Pedro Dom. Murillo
Indaburo
Graneros
Illampu
Juán Granier
GRAN PODER
Tamayo
Santa Cruz
José M. Linares
Plaza San Francisco
Templo de San Francesco
Museo
Potosí
Catedral
Palacio de Gobierno
A. Ba.
Plaza Tupac Katari
Museo de la Catedral
Avenida Mariscal Santa Cruz
Colón
Tem la Me
Chorolque
La Gazca
Sagárnaga
Cárdenas
Ayacucho
BELEN
Templo di San Agustin
LOS ANDES
Avenida
León de la Barra
E. Salmón
Max Paredes
Illampu
ENTEL
Murillo
Avenida Camacho
Mercado Bueno
Parque Litoral
Tarija
Correo Central
Gral. Bilbao la Vieja
P. Rodriguez
Antonio Gallardo
Plaza Venezuela
CHIJINI BAJO
Sagárnaga
P. Rodriguez
Plaza Belzu
SAN PEDRO BAJO
Federic
Antonio Gallardo
SAN PEDRO ALTO
Gral. Ramón Gonzales
Vanguardia
Yacuma
México
Avenida 16 de Julio
Ricardo Bustamante
Avenida Buenos Aires
B. Burgoa
Luis Lara
Riobamba
Rada
Plaza A. Alarcón
Plaza Sucre
Coliseo Cerrado
Villamil de
Almirante Grau
Colombia
Cañada Strongest
M. Santivañez
Plaza Libano
Boquerón
Nicolas Acosta
Plaza Estud
Gral. L. Alcoreza
IV Centenario
Rigoberto Paredes
Zoilo Flores
Avenida 20 de Octubre
República
Santos Machicado
Plaza Israel
Heroes del Acre
VILLA NUEVO FOTOSI BAJO
Plaza Josefa Mujia
Quijarro
Urcullo
Otero de la Vega
C. Ayllón
Conchitas
Gozalves
Jecullo
Landaeta
Manchego
BELLO HORIZONTE
Museo M. del Prado
Avenida Buenos Aires
Pioneros de Rochdale
Boquerón
Parque Bello Horizonte
Rio Loa
C. Jofre
Av. J. Tellez
Landaeta
Aspiazu
F. Cantota
C. Ayllón
Juán Manuel Cáceres
SOPOCACHI ALTO
Cap.
TACAGUA
Jaimes Freire
V. Abecia
Av. Gral Lanza
Chaco
J. Reseguín
Fernando
TEMBLADERANI
Plaza Confede Racion
Crespo
Landaeta
J. Ávila
Carlos Medinaceli
Rosendo G
Parque San Bolivar
Plaza Lira

La Paz
200 m
D
E
F
1
2
3
4
5
6
Monje
27 DE MAYO
E. Lara
Sorzano
Unduavi
Plaza Santiago
Plaza Villarroel
Fco. Cernadas
Tejada
Coronilla
Capinota
Avenida Huayna Potosi
Gral. J. Monje
Puerto
Rico
P. Vásquez
Hans Kundt
MIRAFLORES NORTE
Monteagudo
Santisañez
Peralta
Puerto Rico
Costa Rica
VILLA COPACABANA
Lanza
Iturralde Abel
Estados Unidos de América
Avenida Busch
Honduras
Calvo
Avenida Burgaleta
W. Portocarrero
AGUA DE LA VIDA
Az. de Padilla
Velasco
Haiti
Haiti
Guerrilleros
Av. Tito
Gral. P. Villamil
Rio Orkojahuira
Colón
Valdez
Av. Alvarez Plata
Modesta Sanjines
Guatemala
Jamaica
Fray. E. de las Cazas
Guatemala
Plaza Mayor Roberto Carrasco
Paraguay
Yupanqui
Rafael Ballivián
Brown
Abel
Lanza
San Salvador
Plaza Bush
I.M. Valdivia No. 3
Estabán
Prolongación Sucre
MIRAFLORES CENTRO
Av. San Antonio
Iturraralde
Guerra del Pacific
Estados Unidos de América
Avenida Brasil
Parque Villa San Antonio
Tejada Sorzano
Av. B.
Yungas
Plaza Uyuni
Guerrilleros
Panamá
Av. 31 de Octubre
R. Hinojoza
SAN JUAN
VILLA SAN ANTONIO
Corrales
Frias
P. Kanki
SANTA BARBARA
Plaza Arqueológica
Estrada
Avenida Busch
F. de Miranda
Avenida Illimani
Templete Semi Subterráneo
Estadio Olimpico La Paz Hernando Siles
A. Mendoza
J. Carrasco
J. Gutierrez Guerra
Avenida Libertador Simón Bolivar
Plaza Sorzano
Estrada
Busch
Cuba
Av. R. Argentina
República
Park Infantil
Juán M. Loza
Avenida B. Saavedra
Díaz
Romero
Parque Zoológico
Av. del Ejército
Mirador Laikakota
MIRAFLORES SUR
Lucas Jaimes
Rosendo Villalobos
Avenida del Poeta
Parque Raul Salmon
Teatro al Aire Libre J. Laredo
Juán de Vargas
Jardin Botánico Municipal
Universidad Mayor de San Andrés
Plaza San Martin
Nicaragua
Dominicana
Cerro Laikacolo
Francisco de Miranda
M. Mariaca
S. Zapata
Montevideo
Litoral
R. Betaman
Centro Cultural Alemán
Chichas
Victor
C. Sanjinés
Cap. Ravelo
Rio Choqueyapu
Hospital General
Avenida Aniceto Arce
Tupac Katari
Aspiazu
Avenida 6 de Agosto
Avenida
Guachalla
Rosendo Gutiérrez
Embajador Alemán
Juán XXIII
VILLA ARMONIA
Mercado Sopocachi
Avenida del Poeta
My. R. Subieta
Plaza Isabel la Católica
Heroes del Chaco
Ecuador
Plaza L. Cabrera
Rio Orkojahuira
Belisario Salinas
Plaza E. Avaroa
SAN JORGE
M. Pinilla
Avenida A. Arce
Presidente Saavedra
POCACHI BAJO
Parque Z. Iturralde
Pedro Salazar
Avenida 20 de Octubre
Avenida 6 de Agosto
Lismaco Gutiérrez
M. Pinilla
Mirador Monticulo

wird. An der Calle 711 finden Freunde folkloristischer Musikinstrumente noch das *Museo de Instrumentos Musicales de Bolivia (tgl. 9.30–12.30, 14.30–18.30 Uhr).*

MUSEO DE ETNOGRAFÍA Y FOLCLORE [94 C3]

Zwei Säle im ehemaligen Palast des Marquis de Villaverde sind den Indianervölkern Chipayas und Ayoreo gewidmet (Trachten, Gegenstände etc.). *Calle Ingavi 916, Ecke Jenaro Sanjinés | Mo–Fr 8.30–12, 15–19, Sa/So 9–13 Uhr | Eintritt frei*

MUSEO NACIONAL ARQUEOLÓGICO [95 D4]

Hier sind neben Schätzen aus der Inkazeit vor allem die kostbarsten Funde aus Tiwanaku ausgestellt, darunter doppelgesichtige Figuren, Utensilien für Zeremonien und operierte menschliche Schädel. *Calle Tiwanaku 93, zwischen Bravo und Suazo | Di–Fr 9.30–12.30, 15–19, Sa/So 10–12 Uhr | Eintritt 10 Bs*

MUSEO NACIONAL DE ARTE [94 C3]

Werke der bekanntesten Maler Boliviens fanden in dem prachtvollen Barockgebäude einen schönen Rahmen. Insider Tipp Der bedeutendste ist Melchor Pérez de Holguín (1660–1732) aus der Silbermetropole Potosí. *Calles Comercio/Socabaya, Plaza Murillo | Di–Sa 9–12.30 und 15–19, So 9–12.30 | www.mna.org.bo | Eintritt 10 Bs*

MUSEO TAMBO QUIRQUINCHO [94 B3]

Das Stadtmuseum ist im ältesten Gebäude der Stadt untergebracht, in dem einst der Kazike Quirquincho gewohnt haben soll. Silberschmuck aus des 17./18. Jhs., Gemälde und moderne Plastiken. *Calle Evaristo Valle/Plaza Alonzo de Mendoza | Di bis Fr 9.30–12.30, 15–19, Sa/So 10 bis 12.30 Uhr | Eintritt 5 Bs | Sa frei*

VALLE DE LA LUNA [0]

Bizarre Erd- und Steinspitzen erzählen im „Mondtal“ von den nagenden Kräften der Erosion. *Stadtteil Mallasa | tgl. 9–16 Uhr | Eintritt 15 Bs*

ESSEN & TRINKEN

ÁNGELO COLONIAL [94 B4]

Anziehungspunkt für Hungrige, auch Vegetarier, die es plüschig und gemütlich lieben. Insider Tipp *So geschl. | Calle Linares 922 (Hinterhof, 1.Stock) | Tel. 02/2159663 | €*

CAFÉ CIUDAD [94 C5]

Netter Rund-um-die-Uhr-Treff in prominenter Lage; zu jeder Tageszeit gibt’s was zu essen. *Tgl. 24 Std. | Plaza del Estudiante/Batallón Colorados | Tel. 02/244 18 27 | €*

Das Häusermeer von La Paz zieht sich an den Berghängen bis auf Höhen von 4100 m

Insider Tipp

CAFÉ TERRAZAS [95 D6]

Kaffeehaus, über das sich ganz La Paz freut; hier gibt's besten Espresso und Cappuccino. *Tgl. | C. Potosi/ Ecke Socabaya* | €

LA COMÉDIE ▶▶ [95 D6]

Kunstcafé und Restaurant, vom Franzosen Bernard geführt. Gute Küche, originelle Einrichtung. *Mo–Fr ab 12, Sa/So ab 19 Uhr | Pasaje Medinaceli 2234 | Sopocachi | Tel. 02/2423561 | www.lacomedie-lapaz.com* | €€

VIENNA [95 D4]

Insider Tipp

Wienerisches von der Musik bis zum Schnitzel und köstliche Nachspeisen. *So-Abend und Sa geschl. | Federico Zauzo 1905 | Tel. 02/2441660 | www.restaurantvienna.com* | €€

ÜBERNACHTEN

ELDORADO [94–95 C–D5]

Gutes Stadthotel an der Hauptverkehrsader; von der Grillbar *Sky Room* großartiger Blick auf die Stadt. *75 Zi. | Av. Villazón | Tel. 02/ 236 33 55 | Fax 239 14 38 | www.hoteleldorado.net* | €

EUROPA [94 C4]

Fußbodenheizung gegen kalte Füße, Gym und vieles mehr – 5-Sterne-Luxus in der Nähe des Prado. *110 Zi. | Calle Tiahuanacu 6 | Tel. 02/ 2315656 | Fax 2113930 | www.hoteleuropa.com.bo* | €€€

OBERLAND [0]

Insider Tipp

Das von einem Schweizer gut geführte Ökohotel liegt im Stadtteil Mallasa und damit 500 m tiefer und 5 Grad wärmer als die City. In der Nähe: das Mondtal. 20 geräumige Zimmer mit Bad und TV, überdachter, geheizter Pool mit Jacuzzi, Sauna, großer Garten und die höchstgelegene Beachvolleyball-Anlage der Welt. Das Restaurant ist bekannt für gute Küche und leckere Barbecues. *Mallasa, Calle 2 y 3 | Tel. 02/ 274 50 40 | www.h-oberland.com* | €

ROSARIO [94 B3]
Nichtraucherhotel im Herzen der Stadt, kostenloser Internetzugang, gutes Restaurant. *45 Zi. mit Bad | Av. Illampu 704 | Tel. 02/2451658 | www.hotelrosario.com* | €–€€

SAGÁRNAGA [94 B3]
Im Herzen der Altstadt: preiswert, professionell, ordentlich. Alle 65 Zimmer mit Bad, die meisten mit Sat-TV und Telefon. *Sagárnaga 326 | Tel. 02/235 02 52 | www.hotel-sagarnaga.com* | €

VERANSTALTER

TREKBOLIVIA [94 B3]
Spezialist für mehrtägige Trekking- und Bergsteigertouren. Ausrüstung kann gemietet oder gekauft werden, auch deutschsprachige Führer. *Calle Sagárnaga 392 | Tel. 02/231 71 06 | www.trekbolivia.com*

EINKAUFEN

Für den Einkaufsbummel bieten sich in der Zona Central die *Calle Comercio* und die *Calle Sagárnaga* (viele Kunstgewerbeläden) sowie im Norden die *Calle Potosí* an.

LOS AMIGOS DEL LIBRO [94 C3]
Internationale Magazine wie „Time" oder „Newsweek" und prachtvolle Bildbände über Bolivien. *Calle Mercado 1315 | www.librosbolivia.com*

AM ABEND

DIESEL NACIONAL [95 D6]
Die coolste Bar der Stadt. Alles recycled, alles originell und ab 22 Uhr beste Stimmung. *Tgl. ab 20.30 Uhr | Av. 20 de Octubre 2271 | Tel. 2423477*

FORUM [94 C6]
Eine Institution: In dem Diskotempel treffen sich die Paceños und Touristen aus aller Welt. *Do/Fr ab 21 Uhr | Victor Sanjinés 2908*

EQUINOCCIO ▶▶ [95 D6]
Hier treten die besten lokalen Bands auf. *Do–Sa ab 22 Uhr | Av. Sánchez Lima 2191, Sopocachi*

MONGOS [95 E6]
Die In-Bar für Bolivianer und Touristen: Gutes Essen und ab 22 Uhr Tanz (Di Salsa-Abend). *Calle Hermanos Manchego, zwischen Av. 6 de Agosto und Arce*

AUSKUNFT

OGD – INFOTOUR [94 C5]
Touristenbüro für La Paz und Umgebung. *Prado Ecke Colombia | Tel. 02/2117133*

ZIELE IN DER UMGEBUNG

COCHABAMBA [144–145 C–D2]
Die drittgrößte Stadt Boliviens (600000 Ew., 385 km südöstlich von La Paz, 2558 m) ist ein Drehkreuz für den Inlandsflugverkehr. Zwischenaufenthalte kann man gut nutzen, um einen Blick in den *Palacio de Portales* (Insider Tipp) zu werfen, den Zinnkönig Simón Patiño erbauen ließ. Heute beherbergt das prachtvolle Gebäude das *Museo Centro De Arte Contemporáneo;* Ausstellungen finden unregelmäßig statt *(Mo–Fr 8.30–17.30, Sa 8–12 Uhr | Eintritt für Ausstellungen gratis, für den Palacio 10 Bs | Av. Potosi 1450, zwischen Portales und América).* Cochabamba ist außerdem Ausgangspunkt für Ausflüge in den *Nationalpark Tunari* im Norden und

in den *Nationalpark Torotoro* im Süden (200 km, auf halbem Weg nach Sucre). Hoteltipp: *Aranjuez (45 Zi. | Calle Buenos Aires 563, Ecke Potosí | Tel. 04/428 00 76 | www.aranjuezhotel.com | €€).*

COROICO **[144 B1]**
Diese Tour ist ein atemberaubendes Erlebnis: Der 110 km lange Tagesausflug von La Paz führt beim Pass *Abra La Cumbre* bis auf eine Höhe von 4650 m und dann auf schwindelerregend enger Bergstraße wieder hinab in die tropischen Täler *(yungas)* am Ostrand der Kordillere nach *Coroico* (1750 m). Hier herrscht ewiger Frühling, hier gedeihen Coca, Kaffee, Orangen und Bananen, und hier gibt es ein paar gute Hotels: z. B. das *Esmeralda*, das unter deutsch-bolivianischer Leitung steht *(33 Zi. | Final Calle Julio Suazo | Tel. 0221/360 17 oder 010/22 13 60 17 (Handy) | www.hotelesmeralda.com | €).*

Coroico liegt auf einer angenehmen Höhe von „nur" 1750 m

COPACABANA **[140 A–B6]**
Hauptattraktion des alten Wallfahrtsorts am Südufer des Titicacasees *(S. 100)* ist die maurisch wirkende *Basilica Copacabana* (17. Jh. | *geöffnet ab 15 Uhr*) mit ihrer aus Agavenholz geschnitzten *Virgen Morena del Lago.* Das Hotel mit dem schönsten Blick: *Rosario del Lago (28 Zi. | C/R Paredes | Reservierung: Tel. 02/862 21 41 | Fax 862 21 40 | www.hotelrosario.com/lago | €).*

ORURO [144 C2]

Die 240 km südlich von La Paz gelegene ehemalige Silber- und Zinnstadt (gegr. 1606) ist gut mit dem Bus zu erreichen. Zum Karneval sollte man Insider Tipp die Umzüge, die berühmte *diablada,* nicht versäumen. Im Zentrum beherbergt der ehemalige Palast des Zinnbarons Simon Patiño ein Kolonialkunstmuseum *(Santa Galvarra, zwischen Ayacucho und Cochabamba | tgl. 9–12, 14–18 Uhr | Eintritt 15 Bs).* Sehenswert ist auch das *Minenmuseum* an der Plaza del Folklore *(Mo–Sa 9–12, 13–18, So 8–12, 16 bis 18 Uhr | Eintritt 10 Bs).*

Von Oruro werden Tagesausflüge zur *Laguna Uru Uru* (Flamingos) und zum *Poopó-See* angeboten; zweimal wöchentlich startet der Insider Tipp *Espreso del Sur* zur landschaftlich besonders schönen Zugfahrt nach *Villazón* an der argentinischen Grenze.

RURRENABAQUE/MADIDI [140 B3–5]

Rurrenabaque, lange ein unbekanntes Urwaldnest im nördichen Tiefland an der Grenze zu Peru, ist heute das Tor zum Nationalpark *Madidi* und mit La Paz durch regelmäßige Flüge verbunden. Der 1,8 Mio. ha große Nationalpark wurde 1995 geschaffen. Als Paradies z.B. für über 1000 Vogelarten kann er sich mit dem Nationalpark *Manú* in Peru messen. Tipp: Insider Tipp *Chalalan Ecolodge* (Buchung: La Paz bei *America Tours SRL | Av. 16 de Julio 1490 | www.america-ecotours.com*).

TITICACASEE [140 A–B5–6]

Malerisch flankiert von der schneebedeckten Königskordillere breitet sich etwa 80 km nördlich von La Paz der Titicacasee aus, der höchstgelegene (3812 m) und größte (8500 km^2) schiffbare Hochlandsee der Welt. Seehafen ist auf peruanischer Seite *Puno (S. 80),* auf bolivianischer *Huatajata.* In dem kleinen Ort starten Tragflügelboote *(hydrofoil)* zur *Isla de la Luna* (Mondinsel), auf der ein Jungfrauentempel der Inkas besichtigt werden kann, sowie zur *Isla del Sol* (Sonneninsel). Der Legende nach sollen sich von ihr die Inka-Ureltern Manco Capac und Mama Ocllo nach Norden aufgemacht haben, um Cuzco zu gründen. Ein empfehlenswertes Hotel auf der Isla del Sil ist die Insider Tipp *Ecolodge La Estancia (15 Bungalows). Buchung in La Paz bei Magri Tourismo | Calle Capitán Ravelo 2101 | Tel. 02/2442727 | www.ecolodge-laketitica ca.com | €).*

Betreiber der Tragflügelboote ist die Agentur *Crillon Tours (Av. Camacho 1223 | La Paz | Tel. 02/2337533 | www.titicaca.com).* In Huatajata errichtete sie dazu das Luxushotel *Inca Utama Hotel & Spa (60 geheizte Zi. | Tel. 02/2116481 | €€)* und den ★ *Andean Roots Cultural Complex,* ein einzigartiges Freilichtmuseum zur andinen Kultur. Zum Komplex gehören das *Altiplano Museum,* das über Geschichte und Brauchtum Boliviens informiert, und das Freilichtmuseum *Andean Eco Village,* in dem u.a. die typischen Binsenboote des Titicacasees ausgestellt sind. Am Abend wird *The Mystic World of the Kallawayas,* ein Museum zur Heilkunst der bolivianischen Schamanen, für Hotelgäste geöffnet. Schließlich führt das *Alajpacha,* ein kleines Observatorium, in die präkolumbische Sicht der Sternbilder ein.

TIWANAKU ★ **[140 B6]**
Etwa eine Autostunde von La Paz und rund 20 km vom Ufer des Titicasees entfernt liegt die Ruinenstätte Tiwanaku (oder Tiahuanaco (etwa 600 v. Chr.–200 n. Chr.). Die präkolumbische Stadt gilt als Wiege der südamerikanischen Kulturen. Zu sehen sind die Reste des Sonnentempels *(Kalasasaya)* mit dem Sonnentor und Monolith-Gottheiten, außerdem ein tief gelegener Tempel mit 175 Steinköpfen. Zum Komplex gehört ein interessantes Museum. *Tgl. 9–17 | Eintritt 80 Bs*

SANTA CRUZ DE LA SIERRA

[145 F2] **Die Hauptstadt der gleichnamigen Provinz ist mit rund 2 Mio. Einwohnern die größte Stadt des Landes, und – durch große Erdöl- und Erdgasvorkommen in ihrer Region – außerdem die reichste.** Gegründet wurde sie 1561 von Ñuflo de Chaves, der sie nach seinem Heimatdorf in der Extremedura (Spanien) benannte. Wegen Konflikten mit den Einheimischen wurde die Stadt 1592 an die heutige Stelle verlegt. An ihrem altem Standort entstand später die Jesuitenmission *José de Chiquitos*. Den Urlauber lockt sie mit tropisch-heißem Klima, einem lebhaften Zentrum sowie mit interessanten Ausflügen: zu den ehemaligen Missionsdörfern in der Chiquitanía *(s. „Ausflüge & Touren")*, in die artenreichen Nationalparks *Amboró* und *Noël Kempff Mercado* oder zur Festung *Samaipata* mit einer Tour auf den Spuren des Revolutionärs Che Guevara. *www.gmsantacruz.gob.bo*

SEHENSWERTES

MUSEO ETNOFOLKLÓRICO
Masken, Waffen, Schmuck und Informationen über die Indianer des Tieflands. *Parque El Arenal, zwischen Bení und Cabellero | tgl. 8–12 und 15–18 Uhr | Eintritt frei*

Steinfigur in Tiwanaku

MUSEO DE HISTORIA NATURAL NOËL KEMPFF MERCADO
Ein Muss für alle Naturfreunde und diejenigen, die den Nationalpark besuchen wollen, der – wie das Museum – den Namen seines ermordeten Gründers Noël Kempff Mercado trägt. Das Museum ist Teil der Autonomen Universität *Gabriel Rene Moreno* und führt hervorragend ein in die vielen verschiedenen Ökosysteme des 1,5 Mio. ha großen Nationalparks. Auch bekommt man hier gute Empfehlungen für einen Besuch

des Parks. *Av. Irala 565, zw. Velasco und Independencia 7 | Mo–Fr 8–12 und 15–18.30 Uhr | Eintritt 1 Bs | Tel. 03/3371216 | www.museonoelkempff.org*

ESSEN & TRINKEN

BISTRO LA CASONA (Insider Tipp)

Nettes und gutes kleines Restaurant unter deutscher Leitung. *Mo 16–20, Di–Fr 10.30–14.30 und 16–20, Sa 10–14 Uhr | Calle Arenales 222 | Tel. 03/3378495 | www.bistrolacasona.com* | €

PIZZERIA MARGUERITA

Super ist hier neben dem Essen (von Pizzas bis zu feinen Filets) die internationale Atmosphäre. *Sa/So mittags geschl. | Calle Libertad, Ecke Junín | Tel. 03/3370285* | €€

TÍA LIA

Beste brasilianische Küche, natürlich mit der unentbehrlichen Caipirinha als Auftakt. *Sa/So abends geschl. | Calle René Moreno 30 | Tel. 03/3368183* | €–€€

ÜBERNACHTEN

LAS AMÉRICAS

Komfortable und zentrale Startbasis für weitere Touren. Ausflugsagentur und Autovermietung im Haus. *66 Zi. | 21 de Mayo, Ecke Seoane | Tel. 03/3368778 | www.lasamericas-hotel.com.bo* | €–€€

EL ARENAL (Insider Tipp)

Am Park El Arenal gelegenes Hotel mit vielen Annehmlichkeiten: z.B. 24 Std. Room Service, Pool im 4. Stock. *60 Zi. | Calle Beni 340 | Tel. 03/3346910 | www.hotelarenal.com* | €–€€

CORTÉZ

Hotel zum Erholen: gepflegte Zimmer, Restaurants (auch vegetarisch), Fitnessraum, Poolgarten. Frühstück und Transport zum Flughafen (15 Min.) inklusive. *102 Zi. | Av. Cristó-*

In Samaipata wird die Erinnerung an den Revolutionär Ernesto „Che" Guevara gepflegt

bal de Mendoza 280 | Tel. 03/ 3331234 | www.hotelcortez.com | €€

VIRU VIRU

Einfaches, aber zentral gelegenes Stadthotel mit Pool im Innenhof. *44 Zi. | Junín 338 | Tel. 03/335 52 98 | www.hotelviruviru.com | €*

EINKAUFEN

Die Innenstadt quillt über von Läden mit aus Argentinien oder Brasilien importierter Mode. Markenartikel findet man im *Shopping Bolívar,* schöne Bildbände in der Buchhandlung des *Museo de Arte y Arqueología/Casa de Cultura Raúl Otero Reiche (Pl. de 24 de Septiembre/Libertad),* Kunsthandwerk auf dem *Mercado (Calle Mercado/Vallegrande).*

Insider Tipp

LODGES & AUSFLÜGE

FREMEN TOURS

Von Santa Cruz aus bietet die Agentur Ausflüge in den Amboró-, den Noël Kempff Nationalpark oder ins Pantanal an, außerdem kann man hier eine Kreuzfahrt auf den Ríos Marmore und Ibare mit dem Flussdampfer „Flotel Reina" ab Trinidad buchen. *Calle Beni 79, Ed. Libertador | Tel. 03/333 85 35 | www.andes-amazonia.com | www.frementours.com*

Insider Tipp

AUSKUNFT

OFICINA REGIONAL DE TURISMO

Plaza 24 de septiembre, Ed. Prefectural | Tel. 03/3322770 | www.destinosantacruz.com

ZIELE IN DER UMGEBUNG

PARQUE NACIONAL AMBORÓ [145 E2]

Von Santa Cruz liegt der 442500 ha große Nationalpark mit seinen Cañons und bis zu 150 m hohen Wasserfällen, 830 Vogelarten und besonders vielen Orchideen und Bromelien nur 83 km entfernt. Ein Informationsoffice befindet sich in Buena Vista. Eine gute Basis für Besucher ist das ist das 700 m außerhalb des Dorfes gelegene *Buena Vista Resort & Club (22 Zi. | Pool, Sauna, Ausflüge | Tel. 03/9322104 | www.buenavistahotel.com.bo | €€).*

SAMAIPATA ★ [145 E3]

Knapp drei Fahrstunden (118 km) von Santa Cruz entfernt *(Microbusse fahren 13–16 Uhr ab Santa Cruz, Av. Grigotá y 3er Anillo)*, breitet sich auf 2000 m Höhe die Felsfestung Samaipata aus, eine Anlage aus der Inkazeit. Zum Gelände gehört ein kleines Museum *(tgl. 9–12, 14.30–18.30 Uhr | Eintritt 6 Bs).* Das Dorf Samaipata ist auch Teil der 4- bis 6-tägigen „Che-Guevara-Tour", da der Revolutionär hier zwischen 1965 und 1967 Waffen erbeutete. Höhepunkt aber ist der Besuch der Schule von La Higuera, wo der Revolutionär am 8.10.1967 gefangen genommen und am nächsten Tag hingerichtet wurde. Empfehlenswert als Tourveranstalter ist *Nature Tours* von Michael Blendiger, direkt in Saimapata (gegenüber vom Museum), *Tel. 03/944 62 27 | www.discoveringbolivia.com.*

Insider Tipp

SUCRE

[145 D3] ★ **Die schönste Stadt Boliviens und der Verfassung nach die Hauptstadt. Mit ihren zahlreichen restaurierten Kolonialbauten und weiß gestrichenen Kirchen breitet sich Sucre auf einer sonnigen Andenterrasse in 2790 m Höhe aus.**

SUCRE

Sucre (100 000 Ew.) strahlt das weltoffene Flair einer alten Universitätsstadt (seit 1624) aus und ist Sitz des Obersten Gerichtshofs. Zentrum ist die stets von Studenten belebte *Plaza 25 de Mayo* mit dem Denkmal von General José Antonio de Sucre. Nach ihm wurde die 1538 als „Ciudad de la Plata de Nuevo Toledo“ gegründete Stadt nach der Unabhängigkeit 1828 umbenannt – war sie doch ein Zentrum des Unabhängigkeitskampfes und Sucre ihr Held.

Ein lauschiger Ort: die von Bäumen und Palmen beschattete Plaza 25 de Mayo in Sucre

SEHENSWERTES

CONVENTO MUSEO LA RECOLETA

Im 1601 gegründeten Franziskanerkonvent kann man das berühmte 1000-jährige Chorgestühl aus Zedernholz und schöne Innenhöfe bewundern. Vom Vorplatz bietet sich ein herrlicher Blick über die Dächer der Stadt. *Calle Planco 162 | Mo–Fr 9–11.30, 14.30–16.30 Uhr | Eintritt 10 Bs*

IGLESIA LA MERCED

Der Johannesaltar gehört zu den ältesten Renaissancearbeiten in Bolivien: die Kanzel ein Meisterwerk der Schnitzkunst im Mestizenstil. *Nicolás Ortiz/Azurduy | keine festen Öffnungszeiten | Eintritt 8 Bs*

KATHEDRALE/KAPELLE VIRGEN DE GUADELUPE

Die Kathedrale (1551–1633) beeindruckt durch ihre barocke Fassade und ihren mit Keramikfiguren geschmückten Glockenturm. Die Kapelle *Virgen de Guadelupe* (1616 und 1625 an die Kathedrale angebaut) birgt die wertvollste Marienstatue Boliviens: Ihr Umhang ist mit Diamanten, Smaragden und Perlen besetzt. Im Museum sind weitere Kostbarkeiten zu sehen. *Plaza 25 de Mayo | Mo–Fr 10–12, 15–17, So 10 bis 12 Uhr | Eintritt 10 Bs*

Insider Tipp

MUSEO NACIONAL DE ETNOGRAFÍA Y FOLKLORE (MUSEF)

Die ganze ethnische Vielfalt Boliviens und ihr kultureller Reichtum spiegelt dieses höchst sehenswerte Museum. Mit Videothek für audivisuelle Materialen. *Calle Ingavi 916, Ecke Jenaro Sanjinés | Mo–Sa 9 bis 16.30 und 15–19, So 9–12.30 Uhr | Eintritt frei | www.musef.org.bo*

SAN LÁZARO/IGLESIA SAN FRANCISCO

Neben der 1538 erbauten Kirche San Lázaro *(Calvo, zwischen Padilla und Oruro)* ist die 1581 erbaute Kirche San Francisco die älteste der Stadt. Ihre maurische Holzdecke erstrahlt in Rot, Blau und Grau; die Decke über dem Altar ist mit Blumen ausgemalt. *Ravelo, Ecke Aniceto Arce | tgl. 7–19 Uhr | Eintritt frei*

ESSEN & TRINKEN

ARCO IRIS

Gute internationale Küche und vor allem: Fr und Sa Livemusik! *Nur abends, So geschl. | Calle Nicolás Ortiz 42 (gegenüber der Kathedrale) | Tel. 04/642 39 85 | €*

EL HUERTO

Gutes Mittagsrestaurants, schön im Garten gelegen, allerdings in einer nicht so sicheren Gegend (Taxi nehmen!). *Abends und So geschl. | Ladisllao Cabrera 86 | Tel. 04/645 15 38 | €€*

KULTUR CAFÉ BERLIN

In der deutsch-bolivianischen Begegnungsstätte von Sucre sind Besucher willkommen. *So geschl. | Avaroa 326 (Teil des Instituto Cultural Boliviano-Alemán–ICBA, www.icba-sucre.edu.bo) | Tel. 04/642 45 21 | €*

> LOW BUDGET

- Billiges Bier vom Kiosk, manchmal kostenlose Livekonzerte und jede Menge Fun mit lauter Musik und getunten Autos: vor allem freitags und samstags ab 18 Uhr geht am *Las Cholas,* dem tiefsten Punkt von La Paz, die Post ab. Zur Zeit der beliebste Treffpunkt der Jugend.
- Originell und günstig in einer Brauerei von La Paz schlafen: *The Adventure Brew Hostel Brauereihotel (Av Montes 533 | Tel. 02/246 16 14 | www.theadventurebrewhostel.com)* ist auf Rucksackreisende spezialisiert. Es gibt eine Dachbar, viele Spezialofferten, und das hauseigene Bier ist im Zimmerpreis inbegriffen!
- Einfach speisen wie die Einheimischen: Jeder Markt bietet in Bolivien eine Sektion, die *Comedor Popular* genannt wird. Da wird Hausmannskost vom Feinsten für wenig Bolivares gekocht. Aber Vorsicht bei empfindlichem Magen!
- Gratis Citytour durch La Paz mit Führer: Sonntags um 10 Uhr (April–Nov.) startet beim Touristenbüro an der Plaza Estudiante ein Touristenbus zur kostenlosen Stadtrundfahrt!

ÜBERNACHTEN

Insider Tipp

AMIGO HOSTEL

Gute, preisgünstige Herberge in einem hübschen, 2007 renovierten und neu möblierten Art-Nouveau-Haus (19.Jh.). *25 Zi. | Calle Colón 125, zw. Junín y Bustillo | Tel./Fax 04/6461706 | www.hostelsucre.com* | €

HOSTAL INDEPENDENCIA

Kleiner Palast gleich um die Ecke der Plaza zum Preis einer Pension. Gepflegte Zimmer; Frühstück im schön restaurierten Festsalon. *19 Zi. | Calle Calvo 31 | Tel. 04/644 22 56 | independencia@boliviahostels.com* | €

HOSTAL DE SU MERCED

Belgisches Familienhotel; koloniale Zimmer, Hof, schöne Terrasse; bekannt für das gute Frühstück. *21 Zi. | Calle Azurduy 16 | Tel. 04/644 27 06 | www.desumerced.com* | €

REAL AUDIENCIA

Herrlicher Blick über die Dächer von Sucre, ruhig und sehr gepflegt. Beim Neubau (mit Suiten) gibt's einen Pool, außerdem Sauna und Jacuzzi. *30 Zi. | Calle Potosí 142 | Tel./Fax 04/646 08 23* | €–€€

HOSTAL SUCRE

Sympathische Herberge: Zimmer mit Bad, TV und Telefon; Wäscheservice, Reiseagentur. *33 Zi. | Bustillo 113 | Tel. 04/645 14 11 | www.boliviahostels.com* | €

AM ABEND

JOY RIDE CAFÉ & BAR

Tagsüber Restaurant und abends *der* Treffpunkt. Italienisch geführt, beste Küche, schönes Ambiente. *Calle N. Ortiz 14 | Mo–Sa 7.30–2 Uhr | Tel. 04/6425544 | www.joyridebol.com*

AUSKUNFT

GOBIERNO MUNICIPAL DE SUCRE

Calle Argentina Nº 63 (Casa Municipal de Cultura), Direccion de Turismo | Tel. 04/6435240 | www.sucreturistico.gob.bo

ZIELE IN DER UMGEBUNG

CAL ORCKO'O/ PARQUE CRÉTACICO [145 D3]

Cal Orcko'o heißt der Kalkhügel mit dem 1998 entdeckten und vermutlich größten Spurenfeld aus der späten Kreidezeit (vor 68–65 Mio. Jahren). Insider Tipp Insgesamt umfasst es etwa 5055 Dinosaurierspuren von mindestens acht verschiedenen Arten. Das Gelände gehört zur Zementfabrik FANCESA (5 km östlich von Sucre) und darf nicht direkt betreten werden (Fernglas mitnehmen!). Dafür entschädigt der nur etwa 300 m weiter gelegene *Kreidezeit-Park (Parque Cretacico)* mit seinen Sauriernachbildungen. *Mo–Fr 9–17, Sa/So 10–17 Uhr | „Dinotrucks" starten vom Hauptplatz | Preis 10 US$*

POTOSÍ ★ [145 D4]

Drei Stunden mit dem Bus von Sucre (165 km), und die einst reichste Stadt des Kontinents und heute noch höchste der Welt ist erreicht: Sie liegt auf 4070 m am Fuß des Cerro Rico. Diesem „reichen Hügel" verdankt sie ihre Gründung im Jahr 1545, denn damals entdeckten die Spanier seine ergiebigen Silberadern. Heute leben immer noch viele der gut 100000 Einwohner vom Silberschürfen in Kooperativen, eine harte, gefährliche und kaum einträgliche Arbeit. An den alten Reichtum erinnern in der Stadt noch ein Dutzend reich geschmückter Barockkirchen und viele balkonverzierte Kolonialhäuser. Die Geschichte der Stadt ist in der *Casa Real de Moneda* dokumentiert *(Quijarro/Bolívar | Di–Fr 9–12, 14–18.30, Sa/So 9–13 | Führungen 9, 14 Uhr | 20 Bs)*, die zugleich zu den sehenswertesten Gebäuden der Stadt gehört. Unterkunft: *Hotel Gran Libertador (23 geheizte Zi. | Millares 58 | Tel. 02/6227877 | Fax 6224629 | www.hotelgranlibertador.web.bo | €)*.

SALAR DE UYUNI **[144 B–C4–5]**

Stärkste Sonnenbrillen und schützende Kleidung braucht, wer sich das „weiße Meer", die größte Salzfläche der Erde, ansehen will. Der *Salar de Uyuni* (3660 m hoch), versalzter Rest eines vor Jahrmillionen ausgetrockneten Binnenmeeres, liegt rund sechs Stunden mit dem Bus von Potosí entfernt. Mehrtagestouren, die man z. B. in Potosí buchen kann, führen zu weiteren Lagunen und Salzseen, in denen z. T. Flamingos leben. Ein besonderes Erlebnis ist die Übernachtung im *Hotel de Sal (www.lunasaladahotel.com.bo | €€)* im Norden des Sees; es ist ganz aus Salz erbaut. Insider Tipp

TARABUCO **[145 D3]**

Der Ausflug in das 63 km entfernte Dorf lohnt sonntags, wenn die Tarabuqueños Markt haben. Insider Tipp Ihre Tracht gehört zu den eigentümlichsten des Landes: Zum roten Poncho werden Lederkappen und Holzschuhe getragen. Von ihrer Musik und ihren Tänze geben sie jährlich am 12. März eine Kostprobe. *Taxi 12 US $*

Bergarbeiter im Cerro Rico: Die Silbermine machte Potosí einst reich

ABENTEUER MIT JEEP UND BUS

Auf der Panamericana durchs Land und mit dem Geländewagen zu den Missionsdörfern der Jesuiten

Die Touren sind auf dem hinteren Umschlag und im Reiseatlas grün markiert

1 SEELÖWEN, SAND UND MEER

Die Busfahrt führt von Lima rund 1000 km auf der Panamericana entlang der Küste in den Süden: über Ica und Nazca bis nach Arequipa – Etappenziele, die im Kapitel „Süd- und Zentralperu" ausführlich behandelt werden. Hier finden Sie vor allem Tipps für die Halbinsel Paracas, für die Reserva Nacional, in der u.a. Seelöwen und Humboldtpinguine leben, für die Islas Ballestas und für den berühmten Fundort von über 3000 Jahre alten Mumien. Für die gesamte Strecke sollten Sie mindestens fünf Tage einplanen.

Wer die Fahrkarte für die dreistündige Busfahrt bis zum Etappenziel Pisco bereits am Vorabend am Terminal der Busgesellschaft *Cruz del Sur* in Lima kauft *(Javier Prado 1109 | La Victoria | Cruzero Class 25–32 US$ | www.cruzdelsur.com.pe)*, kann sich noch einen Platz aussuchen

Bild: Halbinsel Paracas

AUSFLÜGE & TOUREN

(Meerblick auf der rechten Seite). Am nächsten Morgen geht's pünktlich (z.B. 7.30 Uhr) aus Lima hinaus über die Panamericana Richtung Süden. Rechter Hand ist der Pazifik zu sehen, an Land durchbrechen gelegentlich von Windmauern geschützte Felder und Flussmündungen die karge, trockene Landschaft.

Die von dem Erdbeben 2007 immer noch gezeichnete Stadt **Pisco**, Verschiffungshafen des nach ihr benannten peruanischen Traubenschnapses, lohnt einen Halt (Hoteltipp: *Posada Hispana | 24 Zi. | Calle Bolognesi 222 | Tel. 056/536363 | www.posadahispana.com | €*), wenn man das 38 km entfernte **Tambo Colorado** sehen will, die Ruinen eines Wachpostens aus der Inkazeit *(tgl. 9–17 Uhr | Eintritt 7,50 S/. | www.tambocolorado.com)*. Ansonsten ist es nur Durchgangsstation auf dem Weg zur Halbinsel **Paracas**. Dort bringen Taxis Sie zu Ihrem Wunschhotel. Die schönsten sind: *Libertador Paracas (120 Zi. | www.libertador.com.pe | €€–€€€)* und *Condor Club & Beach Resort Hotel (10 Zi. | Urb. Santo Domingo | Tel. 056/545080 | www.resortelcondor.4t.com | €€).*

Das Fischerdorf **Playa Chaco** ist der touristische Treffpunkt vor der Halbinsel Paracas, mit Souvenirständen am Bootshafen, dem gemütlichen Fischrestaurant *El Chorito Fish & Seafood (tgl. | Av Paracas/ Plaza del Chaco | Tel. 056/545045 | €)* und Ständen der Ausflugsveranstalter (z.B. *Zarcillo Paradise | Büro im gleichnamigen Hotel | Tel. 056/ 793974 | www.zarcillo-paradise.com*), die Tickets für die Bootsausflüge zu den **Islas Ballestas** anbieten *(Abfahrten 7–10 Uhr | Dauer 2 Std. | ab 15 US$/Pers.).* Die Ausflüge führen auch am **Candelabro** vorbei, einem 128 m langen und 78 m breiten Scharrbild im Wüstensand. Es hat in etwa die Form eines dreiarmigen Kerzenständers. Auf den felsigen, rauen **Islas Ballestas** leben seltene Humboldtpinguine, Seelöwen, Inkaschwalben und die Guano-Tölpel.

Von Playa Chaco sind es mit dem Taxi nur etwa 10 Minuten zum *Museo Julio C. Tello* zwischen den Fundstätten der berühmten 5000 Jahre alten Paracas-Kultur: **Cerro Colorado** und **Cabezas Largas**. Hier sind einige der 1960 entdeckten und erstaunlich gut erhaltenen Mumien zu sehen *(Ctra. a la Reserva | tgl. 9–17.30 Uhr | Eintritt 10 S/.).* Für Ausflüge in das **Naturreservat Paracas** *(Eintritt 10 S/.),* das sich über den Süden der Halbinsel und einen Teil der dahinter liegenden Küste erstreckt, brauchen Sie einen ganzen Tag und einen Führer. Attraktive Ziele sind die **Playa Yumaque** (6 km), die Reste des Aussichtspunkts **La Catedral** (beim Erdbeben eingestürzt) und der, allerdings einen Fußmarsch von 12 km entfernte, **Mirador de los Lobos** („Aussichtsplatz der Seelöwen“).

Insider Tipp

Typisch für die Missionsdörfer der Jesuiten: die reich verzierte Holzkirche von Concepción

Die weiteren Ziele **Ica** *(S. 75)*, **Nazca** *(S. 77)* und **Arequipa** *(S. 62)* erreicht man wieder gut und bequem mit der Busgesellschaft *Cruz del Sur (www.cruzdelsur.com)*.

2 ZU DEN MISSIONEN DER JESUITEN

***La ruta misionera*, die Missionsroute, können Sie ab Santa Cruz (Bolivien) auf eigene Faust mit einem geländegängigen Leihwagen, mit Sammeltaxis oder mit einem lokalen Veranstalter unternehmen. Sie führt zu sechs ehemaligen Missionsdörfern der Jesuiten, von denen die schönsten Unesco-Welterbe sind: San Javier, Concepción, San Ignacio, Santa Ana, San Rafael und San Miguel. Die Tour dauert mit dem Jeep etwa vier Tage.**

Von **Santa Cruz** *(S. 101)* nehmen Sie die Ausfahrt Richtung **San José de Chiquitos** (parallel zur Bahnstrecke), dann den ersten Abzweig nach **Cotoca**. Bei **Pailón** führt die Straße einspurig über die Bahnbrücke – hier staut sich der Verkehr oft. Danach geht's über eine leichte Linkskurve und zügig durch Sojabohnen- und Baumwollplantagen über die Mennonitensiedlung **Cuatro Cañadas**, **Los Troncos** und **San Julián** zum Kreisverkehr von **San Ramón** und dort geradeaus auf die 502 – der Beschilderung **San Javier** nach. Das älteste Missionsdorf (gegründet 1691) liegt 220 km von Santa Cruz entfernt und ist dank der durchgehend asphaltierten Straße nach rund drei Stunden erreicht. Der ruhige Ort mit seinen alten Holzhäusern und der restaurierten Kirche liegt auf 800 m Höhe, umgeben von sanften Hügeln. Sollte die Kirche verschlossen sein: Es gibt einen Zugang über das benachbarte Kloster. Zu Mittag isst man gut im Restaurant *Luigi (hinter der Kirche | kein Tel. | €)*.

Gegen 16 Uhr sollte man nach Concepción (69 km) weiterfahren und der 502 zwei Stunden durch die flache Palmensavanne und den beginnenden Urwald folgen, um vor Einbruch der Dunkelheit im 60 km entfernten **Concepción** anzukommen. Für die Übernachtung bietet sich hier das *Gran Hotel Concepcion (Calle Tte. Aurelio Roca Llado | Tel. 03/9643031 | granhotelconcepcion@hotmail.com | €€)* an. Sehenswert ist neben der Holzkathedrale (1756) auch das *Taller Artesanal de Restauración de Concepción*, eine Restaurationswerkstatt, die auch für die umliegenden Missionsdörfer arbeitet.

Mittags geht's weiter über die 502 nun 180 km durch den Dschungel bis nach **San Ignacio de Velasco** (ca. 3 Std.). Im ehemaligen Wirtschaftszentrum der Missionsdörfer leben noch viele *Chiquito-indígenas*. Schön wohnt man im Hotel *La Misión* (Insider Tipp) *(32 Zi. mit Bad, TV, Klimaanlage | Plaza 31 de Julio/ Calle Libertad s/n | Tel. 03/9622333 | www.hotel-lamision.com | €)*. Die weiteren kleinen Missionsdörfer **Santa Ana**, **San Rafael** und **San Miguel** liegen jeweils nur etwa 30 Min. auseinander, dennoch ist es ein Tagesausflug, denn für die Anfahrt nach **Santa Ana** (200 km) muss man mindestens drei Stunden rechnen. Wer auf eine sachkundige Reiseleitung nicht verzichten will, wende sich an die Agentur *Michael Blendinger Nature Tours (Calle Bolívar | Samaipata | Tel. 03/9446227 | www.discoveringbolivia.com)*. Weitere Info: *www.chiquitania.com*

EIN TAG IN LIMA

Action pur und einmalige Erlebnisse.
Gehen Sie auf Tour mit unseren Szene-Scouts

VITAMINBOMBE

8:00

Für einen gesunden Start am Morgen geht's zu *La Gran Frutta*. In der Saftbar am besten ein paar exotische Früchte in den Vitamincocktail mischen lassen, z.B. Chirimoya oder Kaktusfeigen. **WO?** *Las Begonias Av. 463, San Isidro*

9:00

KÜSTENFLUG

Optimale Thermik und eine spektakuläre Landschaft: Gleitschirmfliegen in Lima ist ein ganz besonderes Erlebnis. Beim Tandemflug mit den Profis von *Fly Adventure* über Miraflores den Blick über die Küste Limas schweifen lassen – aus 150 Höhenmetern eine wirklich einzigartige Aussicht. **WO?** *Calle Alfredo León 234, Office 202, Miraflores | Tel. 511/241 56 93 | Kosten: 50 US$ | www.flyadventure.net*

AUF DER SUCHE NACH GUTEM GESCHMACK

10:30

Ein kulinarisches Rundumerlebnis steht auf dem Programm. Zuerst geht es mit den Guides von *Lima Tours* über den Markt – dabei lernt man heimische Früchte und Gemüse kennen – und anschließend wird gekocht. Das traditonelle Fischgericht *Ceviche* steht aut dem Speisezettel. Natürlich wird danach noch geschlemmt. **WO?** *Jr. de la Unión* | *Tel. 511/619 69 00* | Kosten: *60 US$* | *www.limatours.com.pe*

15:00

CAJÓN- WORKSHOP

Nach dem vierstündigen Gourmet-Marathon ist ein guter Zeitpunkt für eine entspannte Musikstunde. Zu den klassischen peruanischen Instrumenten zählt auch das *Cajón*, eine Art Kistentrommel, die mit den Händen gespielt wird. Virtuose am Trommelkasten ist José Olivera Espinoza, der sein Wissen gerne teilt. **WO?** *Anmeldung und Treffpunkt unter Tel. 511/995 07 98 72 oder joliverae1@yahoo.com | Kosten: 40 US$/Std.*

24 h

RADTOUR

17:00

Mit einem gemütlichen Citycruiser von *Biketours of Lima* entdeckt man die Stadt mit dem Drahtesel. Es geht nach Barranco, der bürgerlichen Seite der Stadt, mit ihren Parks, Kolonialwohnungen und Bars. Hier unbedingt einen kurzen Barstopp in einer der Kneipen einplanen. **WO?** *Calle Bolívar 150 | Tel. 511/445 31 72 | Kosten: ab 7 US$/4Std. | www.biketoursoflima.com*

19:00

WELLNESS MIT AUSBLICK

Das *Zest Spa* liegt im 11. Stock des *Miraflores Park Hotel.* Wer auf die Terrasse tritt oder im Pool eine Rund schwimmt, hat den besten Blick über den Pazifik. Bei einem Peruvian Olive Oil & Brown Sugar Polish oder Amazonas Scrub mit Copaiba-Samen lässt man sich verwöhnen. **WO?** *Miraflores Park Hotel, Av. Malecón de la Reserva 1035, Miraflores | Anmeldung nötig: Tel. 511/610 40 00 | Kosten: 70 US$/1Std | www.mira-park.com*

NOSTALGIE-DINNER

20:00

Ein Tipp für jeden Lima-Besuch ist die *Antigua Taberna Queirolo*, die bereits 1880 eröffnete Traditionstaverne. Das Ambiente ist schlicht und wird von der Holzeinrichtung und den Schwarz-Weiß-Bildern an der Wand bestimmt. Den Abend mit einer Flasche Pisco Queirol beginnen. Bestelltipp: Cau Cau, ein kreolischer Eintopf. **WO?** *Calle San Martín 1090, Pueblo Libre | www.antiguatabernaqueirolo.com*

22:00

PARTYTIME

Angesagte Livebands und die crème de la crème der DJ-Szene treffen sich im *Saquara*, dem Club mit der besten peruanischen Musik: von Cumbia, Reggaeton über Salsa bis Merengue – Hauptsache tanzbar lautet das Motto der Feierwütigen, die sich auf der Tanzfläche tummeln. **WO?** *República de Panama Av. 240, Barranco | Tel. 511/252 87 72 | www.saquara.com*

> ADRENALIN PUR

Surfen an der Küste oder Rafting, Trekking und Skifahren in den Anden – die Natur bietet jede Menge Abwechslung

> Extreme Höhenunterschiede, extreme Klimaunterschiede und atemberaubende Landschaften: Peru und Bolivien bieten Outdoor-Sportlern jede Menge Herausforderungen und unvergessliche Abenteuer. Ob Trekking auf schmalen Andenpfaden oder Surfen auf gigantischen Pazifikwellen, Rafting auf wilden Bergflüssen oder Gleitschirmfliegen, Mountainbiking oder Sandboarding – für jeden Geschmack und Anspruch ist etwas dabei.

Bild: Trekking im Nationalpark Huascarán

BADEN

Den Mangel an schönen Bademöglichkeiten im Binnenland Bolivien, wo lediglich Urwaldflüsse oder Hotelpools zum Schwimmen einladen, macht Peru mit seiner 2150 km langen Pazifikküste wieder wett. Sie reicht im Norden von der Bai von Tumbes bis zum Río Zama im Süden. Badehungrige finden weißen Sand und sauberes Wasser im ganzjährig sonnigen und warmen *Punta Sal*

SPORT & AKTIVITÄTEN

(84 km von Tumbes) und vor allem in Mancora vor. Empfehlenswerte Strände im Einzugsbereich von Lima (Badezeit ist Dezember bis März) sind *Punta Hermosa, Cerros Azul, El Silencio* und *Señoritas y Caballeros;* Fähnchen in den Ampelfarben Grün, Gelb und Rot zeigen die aktuelle Badegefährdung an. Infos zu 506 Stränden *(playas)* und mehr finden Sie auf dieser Website: *www.playasperu.com*

Insider Tipp

BERGSTEIGEN

Wer ganz hoch hinaus will: Die internationale Bergsteigerszene trifft sich in ▶▶ Huaraz in der Cordillera Blanca. Aus dieser „weißen Kordillere", der höchsten tropischen der Welt, ragt der höchste Berg Perus, der 6768 m hohe *Huascarán* heraus. Charakteristisch für das Gebiet sind die relativ gute Zugänglichkeit und die Nähe zu Ortschaften mit guten Führern und einem funktionierenden

Rettungsservice. In der benachbarten *Cordillera Huayhuash* erwarten den erfahrenen Bergsteiger dann besondere Herausforderungen: gleich ein Dutzend Gipfel von hohen bis sehr

Auch für Könner eine Herausforderung: Bergsteiger an einer Eiswand in der Cordillera Blanca

hohen Schwierigkeitsgraden. Beste Kletterzeit ist hier Mai bis September. Mehr Infos beim Verband der Bergführer: *Asociación de guías de Montaña de Peru (www. casadeguias.com.pe)*. Gute Berghütten und -lodges: *The Lazy Dog Inn (www.thelazydoginn.com), Llanganuco Lodge (www.llanganucolodge. com)*.

BIRDWATCHING

Die Topadresse für passionierte Vogelbeobachter in Peru ist das *Manú Wildlife Centre (www.manu-wildlifecenter.com)* im artenreichen Nationalpark Manú; die Spezialistin in Bolivien ist *Ruth Alipaz | Santa Cruz de la Sierra | Tel. 00591/3/3563636 | www.birdbolivia.com*

MOUNTAINBIKING

Mountainbikefahrer können sich auf rasante Talfahrten von den Andenkämmen hinunter ins Tiefland des

Amazonas und auf zahlreiche andere spannende Routen unterschiedlicher Schwierigkeitsgrade freuen. Erfahrene Anbieter geben Sicherheit durch gutes Material und gute Führer. Auskünfte erteilt in Peru der Radfahrerverband *Fedepeci (www.fedepeci.org)*. Ein gute Adresse in Bolivien ist *Gravity Assisted Mountain Biking (www.gravitybolivia.com)*.

PARAGLIDING

Prima Bedingungen herrschen in Lima an der Costa Verde, vor allem im Winter, wenn sich der Nebel verzogen hat. Der Startpunkt liegt auf einer 70 m hohen Steilwand gegenüber dem Meer, die maximale Flughöhe beträgt 220 m, überall gibt es Landeplätze. Anbieter: *Perufly (Mobiltel. 994567802 | www.perufly.com)*.

RAFTING

Rasant lassen sich die Anden beim Rafting auf den Flüssen der tiefen Cañons Perus erleben, z.B. auf dem Río Colca (Mai–Okt.) bei Arequipa, auf dem Río Cañete bei Lima, dem Río Santa im Callejón de Huaylas oder dem Río Urubamba bei Cuzco. Kanuten erwarten auf den Flüssen schnelle Wasser und hohe Schwierigkeitsgrade (4, 5).

SANDBOARDING

Insider Tipp

Sandboarder – also Dünensurfer – kommen in Ica so richtig in Fahrt. In Nazca können sie sogar von der angeblich höchsten Düne der Welt abfahren, dem *Cerro Blanco*. Videos kann man sich auf *www.youtube.com* (Stichwort: „Sandboarding Ica") ansehen.

SKI FAHREN

Seit 2009 der Gletscher am Chacaltaya in Bolivien endgültig abgeschmolzen ist, verwaiste auch der älteste Skilift im einst höchstgelegenen Skigebiet der Welt. Sofern Schnee liegt, bietet aber der *Club Andino Boliviano (Calle México 1638 | Tel. 02/2310863)* noch Skikurse. Ein Terrain für Extremskifahrer und -Snowboarder ist die *Cordillera Blanca* in Peru. Videos bei *www.youtube.com* unter Stichwort „Ski Peru".

SURFEN

Insider Tipp

Leidenschaftliche Surfer wissen um die Superlativwellen vor Perus Pazifikküste: In Chicama bricht sich die längste, in Punta Sur die schnellste und in Pico Alto die zweitgrößte Südamerikas. Treffpunkt der Surffreaks ist ▶▶ *Punta Rocas*. Auf welcher Welle zurzeit gut reiten ist und was Insider sonst noch wissen wollen, erfährt man unter *www.peruazul.com*.

TREKKING

Qapac Ñan, das alte, weitreichende Wegenetz der Inka, erschließt dem Fernwanderer die großartigsten Anden-Landschaften Perus und Boliviens. Die beliebtesten Trekkingtouren starten in Ayacucho, Arequipa, Huaraz und Cuzco. Auf dem weltberühmten *Inka Trail*, dem meistbesuchten Trekkingpfad der Region, sind allerdings inzwischen täglich nur noch 500 Besucher zugelassen, deshalb müssen Sie sich rechtzeitig (im Sommer bis zu vier Monate im voraus) anmelden! Mehr Infos unter *www.inka-trail.com* und bei Spezialveranstaltern wie *Trekperu (www.trekperu.com)*.

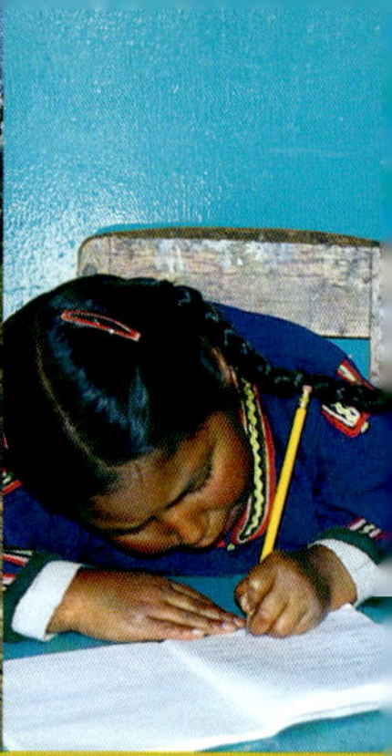

INDIANA JONES LÄSST GRÜSSEN

Unvergessliche Abenteuer warten auf die ganze Familie, aber Sie sollten auf klimatische Extreme vorbereitet sein

> Vor Antritt einer Reise mit Kindern sollten Sie einen Tropenarzt konsultieren, denn es gibt einiges zu beachten. Weil die Entwicklung der Nasennebenhöhlen noch nicht abgeschlossen ist, können die Kleinen z.B. die extremen Höhenunterschiede in Peru und Bolivien schlechter verkraften als Erwachsene. Wer nicht gleich zu Medikamenten greifen will, sollte **Insider Tipp** Gummibärchen mitnehmen. Die süße Leckerei hilft Kindern, die in großen Höhen (ab ca. 3500 m) nachlassende Glucoseversorgung des Gehirns auszugleichen. Gegen möglichen Brechreiz kann man eine halbe Stunde vor Erreichen der Höhe auch ein Gravol-Zäpfchen (12,5 mg) geben.

LIMA

LA GRANJA VILLA [136 B6]

Achterbahnen, Karussells und Wasserrutschen, Aquarien, Terrarien und Ställe voller Haustiere: Der quietschbunte Freizeitpark macht Kinder und mit ihnen auch die Erwachsenen glücklich. *Alameda Del Premio Real 397 (zweigt von der Panamericana Sur in der Urbanización Los Huertos de la Villa in Chorillos rechts ab) | tgl. 10–18 Uhr | Eintritt mit verschiedenen Armbändern für unterschiedlich viele Attraktionen (20–30 S/.), Erw. 11S/. | www.lagranjavilla.com*

AN DER KÜSTE

Strände, an denen Ihre Kinder gefahrlos baden können, sind z. B. die *Playa Negra* an der Punta Hermosa *(Panamericana Sur, km 44)* und die gepflegte **Insider Tipp** *Playa Santa María (Panamericana Sur, km 51 | Eintritt inkl. Parkgebühr 15 S/.)*, an der es auch Toiletten gibt.

AMAZONIEN

Mit Lianen Tarzan spielen, Indianerdörfer besuchen und über Hängebrücken *(Canopys)* durchs Urwalddach spazieren: Das sind Erlebnisse, die selbst Halbwüchsige noch gern mit ihren Eltern teilen. Canopys gibt es sowohl im Urwald von *Puerto Maldonado (S. 88)* wie auch von *Iquitos (S. 85)*. Wer sich mit den Kindern z.B. auf dem *Canopy Walk-*

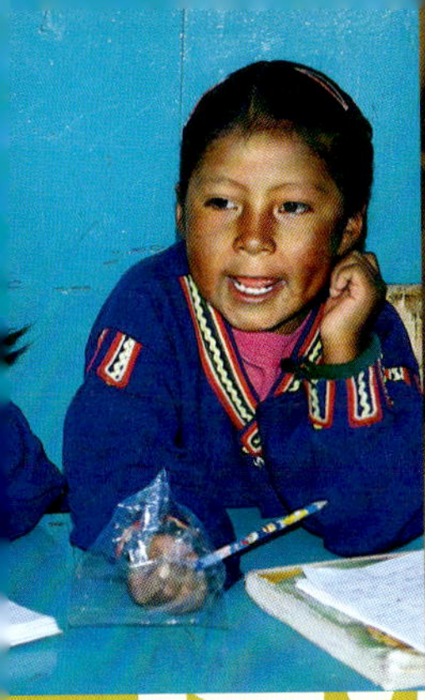

> MIT KINDERN UNTERWEGS

way bei Iquitos durch den Regenwald schwingen will, sollte die Kinder (und sich) zu Hause gegen Gelbfieber geimpft haben (möglich ab dem Alter von 13 Monaten). So gerüstet, kann eigentlich nichts mehr schief gehen.

BOLIVIEN

CERRO RICO/POTOSÍ [145 D4]

Die dunklen Schächte, die immer noch nach Silber hämmernden Arbeiter der Kooperativen, die Ahnung eines schier endlosen, unheilvollen Labyrinths: Auch wenn er in der Vergangenheit alles andere als ein Abenteuerspielplatz war – die Stollen des Silberbergs Cerro Rico zu besuchen, ist für Kinder ein grandioses Erlebnis. Täglich außer sonntags kann man sich Besichtigungstouren der Veranstalter in Potosí anschließen und sich die abenteuerlichen Arbeitsbedingungen ansehen. Ein erfahrener Anbieter in Potosí ist *Andes Expeditions (Plaza Alonso de Ibañez 3 | Tel./Fax 02/6225175 | www.andes-salt-uyuni.com.bo | tgl. außer So).*

PARQUE CRÉTACICO/SUCRE [145 D3] Insider Tipp

Jede Menge in lebensnahen Situationen dargestellte Dinos in Originalgröße in einer eigens für sie gestalteten Landschaft: Der Kreidezeit-Park bietet nur 300 m entfernt von den berühmten Saurierspuren *Cal Orcko'o* ein eindrucksvolles Jurassic-Park-Erlebnis. Schon die 5 km weite Anfahrt von Sucre mit einem der Dino- oder Sauro-Trucks ist ein Spaß *(tgl. 9.30, 12 und 14.30 Uhr vom Hauptplatz 25 de Mayo vor der Kathedrale). Mo–Fr 9–17, Sa/So 10–17 Uhr | Eintritt inkl. Anfahrt 10 Bs | http://parquecretacicosucre.com*

TANGA TANGA/SUCRE [145 D3]

Probieren geht über studieren: Interaktiv angelegte Exponate fördern in diesem modernen Kindermuseum spielerisches Lernen in Wissenschaft und Technik, Kultur und Natur. So sind z. B. die unterschiedlichen Ökozonen Boliviens anschaulich nachgebildet. *Calle Agustín Iturricha 281/Pl. La Recoleta | Di–So 9 bis 12, 14.30–18 Uhr | Eintritt 8, Kinder 5 Bs*

> VON ANREISE BIS ZOLL

Urlaub von Anfang bis Ende: die wichtigsten Adressen und Informationen für Ihre Reise nach Peru und Bolivien

ANREISE

Die Lufthansa fliegt nach Lima/Peru via Bogotá (von dort geht es mit Avianca weiter) für mindestens 1200 Euro inkl. Steuern (ab Frankfurt/M.). Non-Stop wird Limas *Aeropuerto Internacional Jorge Chávez* von Amsterdam (mit Air France/KLM) und Madrid (mit Iberia und LAN) angesteuert – stets mit Zubringerflügen ab deutschen Flughäfen. Ein weiterer Lima-Anbieter ab Deutschland ist British Airways, mit London-Zubringer und Wechsel auf American Airlines in Miami. US-Arlines bedienen Lima mit Zwischenstopp in einer US-Stadt (meist Atlanta, Houston oder Miami).

Direktflüge nach Bolivien gibt es bei AeroSur ab Madrid nach Santa Cruz de la Sierra (Flugdauer ca. 12 Stdunden, Hin- und Rückflug ab 1153 Euro), außerdem von den USA (z.B. Miami–La Paz), wiederum mit Zubringerflügen ab Deutschland. Gabelflüge (z.B. Hinflug nach Lima und Rückflug von La Paz) verkaufen die Fluggesellschaften American Airlines, LAN und KLM (in Kooperation mit TACA). Der bereits vor der Abreise erworbene *Vibol-Airpass* (von Lloyd Aereo Boliviano) verbilligt Inlandsflüge.

Vor der Ausreise sind in Peru 30,25 US $, in Bolivien 25 US $ Flughafengebühr zu entrichten.

PRAKTISCHE HINWEISE

AUSKUNFT

Infomaterial verschicken das *Generalkonsulat Peru (Abt. Touristik | Kaiserstr. 74 | 63065 Offenbach | Tel. 069/133 09 26 | info@conperfrankfurt.de)* und die Botschaften in Wien und Bern. Auch Boliviens *Tourismusinformation* ist der Botschaft in Berlin *(Wichmannstr. 6 | Tel. 030/263 91 50 | www.bolivia.de)* angegliedert. Infobüros vor Ort finden Sie in den Ortskapiteln.

BUSSE

Busse überwinden in beiden Ländern sehr große Distanzen und fahren auch über Nacht. Ein Preisbeispiel: Die Strecke Lima–Nazca (ca. 400 km, 6,5 Std.) kostet mit dem Komfortbus 32 US$ (ca. 24 Euro).

DIPLOMATISCHE VERTRETUNGEN

in Peru:

DEUTSCHE BOTSCHAFT
Av. Arequipa 4202–4210 | Miraflores, Lima 18 | Tel. 01/212 50 16 | www.lima.diplo.de

ÖSTERREICHISCHE BOTSCHAFT
Ed. De las Naciones, Av. Central 643, Piso 5 | San Isidro, Lima 27 | Tel. 01/442 05 03 | lima-ob@bmeia.gv.at

SCHWEIZER BOTSCHAFT
Av. Salaverry 3240 | San Isidro, Lima 27 | Tel. 01/264 03 05 | www.eda.admin.ch/lima

in Bolivien:

DEUTSCHE BOTSCHAFT
Av. Arce 2395 | La Paz | Tel. 02/244 00 66 | www.la-paz.diplo.de

ÖSTERREICHISCHES HONORARKONSULAT
Calle Montevideo 130, Edificio Requima, Piso 6 | La Paz | Tel. 02/244 20 94 | austroko@acelerate.com

SCHWEIZER BOTSCHAFT
Calle 13, Ecke 14 de Septiembre | Obrajes, La Paz | Tel. 02/275 12 25 | www.eda.admin.ch/lapaz

EINREISE

Der Reisepass muss für Bolivien und Peru bei der Einreise noch mindestens ein halbes Jahr gültig sein. Deutsche, Österreicher und Schweizer können in beiden Ländern ohne Visum jeweils bis zu 90 Tage bleiben. Unbedingt bei der Einreise Aufenthaltsdauer auf dem Einreisezettel *(Tarjeta Internacional de Embarque/Desembarque)* eintragen, um einer willkürlichen Verkürzung durch die Beamten vorzubeugen. Bei der Einreise in Bolivien sollte der Impfpass mit einem Gelbfieberschutz-Nachweis griffbereit sein.

GELD & WÄHRUNG

Die Währung von Peru ist der Nuevo Sol (S/.), für Bolivien der Boliviano (Bs), jeweils unterteilt in 100 Centimes bzw. 100 Centavos. Ende Februar 2011 gab es für einen Euro 3,74 S/. bzw. 9,50 Bs. Das Preisniveau beider Länder gleicht in den feinen Vierteln der Hauptstädte etwa dem europäischen, auf dem Land aber liegt es weit darunter.

Viele Banken in Peru und Bolvien betreiben Geldautomaten, an denen man z. B. mit einer VISA- oder MasterCard – günstiger noch mit EC-Karte (in größeren Städten) und PIN-Nummer – Bargeld in Landeswährung vom Konto abheben kann. Zeitraubender ist die Barauszahlung auf Kreditkarte in den Banken (Pass nicht vergessen!) oder der Eintausch von Travellerschecks. Öffnungszeiten: Mo–Fr 9–17 (Peru, einige auch Sa 9–13 Uhr) und Mo–Fr 9–18, Sa 9–13 Uhr (Bolivien). Travellerschecks kann man meist nur in Banken und zu einem schlechten Kurs einlösen, dafür sind sie sicherer als Bankkarten, mit denen bei Diebstahl mehr Schaden angerichtet werden kann. Kreditkarten werden in allen größeren Städten akzeptiert. Auf dem Land sollte man aber ausreichend Bargeld (in kleinen Scheinen) dabeihaben.

WÄHRUNGSRECHNER

€	Sol	Sol	€
1	3,74	10	2,56
2	7,48	20	5,12
3	11,22	25	6,40
4	14,96	30	7,68
5	18,70	40	10,24
7	26,18	50	12,80
8	29,92	70	17,92
9	33,66	80	20,48
10	37,40	90	23,04

GESUNDHEIT

Wer aus Bolivien nach Peru einreist oder das peruanische Amazonasgebiet bereist, muss eine gültige Gelbfieberimpfung nachweisen. Ansonsten benötigt man offiziell keine Impfungen. Urwaldgebiete sollte man nicht ohne Malariaprophylaxe besuchen. Das Auswärtige Amt *(www.auswaertiges-amt.de)* empfiehlt Impfungen gegen Polio, Tetanus, Diphterie und Hepatitis A. In die Reiseapotheke gehören Tabletten gegen Durchfall, Jod und Insektenschutz. Gegen die Höhenkrankheit *soroche* (Kopfschmerzen, Schwindel, Übelkeit) helfen Aspirin, das Medikament Diamox und *mate de coca* (Cocatee). Empfehlenswert ist der Abschluss einer Auslandskrankenversicherung.

WÄHRUNGSRECHNER

€	Bs	Bs	€
1	9,50	10	1,00
2	19,00	20	2,00
3	28,50	25	2,50
4	38,00	30	3,00
5	47,50	40	4,00
7	66,50	50	5,00
8	76,00	70	7,00
9	85,50	80	8,00
10	95,00	90	9,00

INLANDSFLÜGE

In Peru verkehren LanPeru, Taca Peru, Star Peru und Aero Cóndor, in Bolivien Lloyd Aéro Boliviano (LAB) und Aerosur. Der Flug Lima–Arequipa z. B. kostet mit LanPeru um 313 US$, der Flug La Paz–Sucre in Bolivien ca. 80 US$. In beiden Ländern sind bei Inlandsflügen Flughafensteuern um 6 US $ pro Abflug zu zahlen.

PRAKTISCHE HINWEISE

INTERNET

DEUTSCHSPRACHIGE SEITEN

Tourismusministerium Peru: *www.peru.info;* Agenturservice: *www.peruline.de;* Tourismusministerium Bolivien: *www.gbtbolivia.com;* bolivianische Botschaft: *www.bolivia.de;* Agenturservice: *www.bolivialine.de*

ENGLISCHSPRACHIGE SEITEN

Tourismusinformationen Peru: *www.go2peru.com;* virtuelles Peru-Reisebüro: *www.enjoyperu.com;* Reisemagazin: *www.rumbosperu.com;* Portal für andine Kultur: *www.mundoandino.com;* Übernachten (Hotels, Hostales): *www.peruhotelsguide.com* | *www.guiahostal.com;* Essen & Trinken: *www.perumuchogusto.com* | *www.perugourmet.info;* Infos zu Kultur, Hotels, Fluggesellschaften etc.: *www.boliviabella.com;* Bolivien-Portal: *www.boliviaweb. com;* Reiseführer: *www.boliviacon tact.com*

SPANISCHSPRACHIGE SEITEN

Suchmaschine für Informationen zu Peru: *www.adonde.com;* Gelbe Seiten (Adressen, Telefonnummern): *www.paginasamarillas.com.pe;* das Neueste auf einen Klick: *www.perunotas.com;* Museen und Kulturschätze: *www.perucultural.org.pe/peru.shtml;* Themen der Zeit: *www.yachay.com.pe;* Museen und Kunst in Bolivien: *www. bolivianet.com;* Portal mit Videos und Chatroom: *www.bolivia.com*

INTERNETCAFÉS & WLAN

Internetcafés sind stark verbreitet. Eine Stunde Internetsurfen kostet in Peru 2–4 S/., in Bolivien ist es mit ebenfalls 2–4 Bs noch erheblich billiger. Meist kann man auch Fotos von der Kamera herunterladen und CDs brennen. Adressen in Peru finden sich unter *www.peru.com/cabinas*.
WLAN-Zonen (vor Ort amerikanisch Zonas WIFI genannt) gibt es auf Flughäfen, in Shoppingcentern, Cafés, Restaurants und Hotels. WiFi-Hot-Spots: *www.hotspot-locations.de* | *www.openwifispots.com* | *www.wi-fihotspotlist.com*

WAS KOSTET WIE VIEL?

KAFFEE	**1,60 EURO** (in Bolivien weniger)
CEVICHE	**2,80 EURO** für eine Portion
BIER	**80 CENT** eine Flasche im Laden
PISCO SOUR	**3 EURO** ein Glas im Lokal
TAXI	**16–40 EURO** für eine Fahrt von Lima zum Flughafen
PULLOVER	**AB 100 EURO** aus feiner Alpakawolle

KLIMA & REISEZEIT

An der Küste, vor allem auf der Höhe von Lima, kommt es im peruanischen Winter (Mai–Sept.) zum *garúa*, dem dichten Küstennebel, und das Wasser ist zu kühl zum Baden. In den Anden herrscht April/Mai und Sept./Okt. klares, sonniges Wetter für Bergtouren – bei kalten Nächten. Die beste Reisezeit für das Amazonasgebiet sind die relativ trockenen Monate Juni/Juli; am stärksten regnet es dort Dezember bis März bei bis zu 36 Grad Celsius. In La Paz regnet es Dezember bis Februar täglich. Die übrige Zeit ist regenfrei und sonnig.

MIETWAGEN

Voraussetzung sind in beiden Ländern der nationale Führerschein, ein Mindestalter von 21–25 Jahren (je nach Wagentyp und Verleihfirma) und eine Kreditkarte. Ein Wagen der preisgünstigsten Kategorie (z. B. Toyota Corolla) kostet in Peru 52 US$ (ca. 38 Euro)) inkl. 200 Freikilometer. Mietern unter 25 Jahren wird evtl. eine Zusatzgebühr berechnet. Benzin wird in *gallones* (3,7 l) berechnet. Anfang 2011 kostete eine Gallone Super in Peru umgerechnet gut 4 Euro, in La Paz nur 1,56 Euro.

NOTRUF

In Peru: *Tel. 105* (Polizei), *117* (Ambulanz) bzw. *01/2225016* (Touristenpolizei in Lima). In Notfällen hilft auch der 24-stündige Telefondienst für Touristen: *01/574 80 00* (gratis von allen Provinzen). In Bolivien ist der Notruf *02/2371230* (Polizei in La Paz). Notrufnummer des Deutschen Auswärtigen Amts für deutscher Staatsangehörige im Ausland: *Tel. 0049/3018/172000* | *Fax 1751000* (Hilfsmaßnahmen werden in Rechnung gestellt).

POST

Luftpostkarten und -briefe bis 20 g kosten nach Europa umgerechnet 1,87 Euro (Peru) bzw 0,61 Euro (Bolivien); sie sind 10–14 Tage unterwegs. Öffnungszeiten in Bolivien: *Mo–Fr 8–20, Sa 8–19 Uhr;* in Peru: *Mo–Fr 8–19, Sa 8–13 Uhr*

SICHERHEIT

Soziale und politische Spannungen können unvermutet explodieren (aktuelle Sicherheitshinweise zu den Ländern erhalten Sie unter *www.auswaertiges-amt.de*). Die Krisenherde sollte man unbedingt meiden. Vorsicht ist wegen der verbreiteten Armut bei Wertsachen geboten. Also

WETTER IN LIMA

	Jan.	Feb.	März	April	Mai	Juni	Juli	Aug.	Sept.	Okt.	Nov.	Dez.
Tagestemperaturen in °C	25	26	26	24	21	19	17	17	17	19	20	23
Nachttemperaturen in °C	19	20	19	18	16	15	14	13	13	14	16	17
Sonnenschein Std./Tag	6	7	7	7	4	1	1	1	1	2	4	5
Niederschlag Tage/Monat	1	0	0	0	1	1	1	2	1	0	0	0

aufs Gepäck achten, Elendsviertel und nächtliche Spaziergänge meiden. Bei Polizeikontrollen sollte man sich mit der beglaubigten Kopie des Passes ausweisen können. Auf keinen Fall irgendwelche Päckchen für andere transportieren; es könnte sich um Drogen handeln und eine langjährige Haftstrafe nach sich ziehen.

STROM

In beiden Länder ist eine Stromspannung von 220 Volt verbreitet, zum Teil aber gibt es noch 110 Volt (z.B. in La Paz). In jedem Fall benötigt man einen US-Stecker-Adapter.

TAXI

Taxameter gibt es weder in Peru noch in Bolivien, der Preis ist Verhandlungsgeschick. Die Fahrt vom Flughafen nach Miraflores in Lima/ Peru kostet je nach Taxikategorie 60 bis 150 S/. (Exklusiv-Taxi, sicherste Kategorie), bzw. 16–40 Euro. Nehmen Sie ein angemeldetes Taxi, erkennbar an den auf beiden Seiten aufgemalten Nummern und dem innen sichtbar angebrachten Ausweis. Preiswerter fährt man in Bolivien mit dem Taxi.

TELEFON & HANDY

Die großen Telefongesellschaften heißen *Telefónica Perú* *(www.telefonica.com.pe)* und *Entel* *(www.entel.bo)*. Beide verkaufen Telefonkarten für öffentliche Telefone, mit denen man auch Überseegespräche führen kann (1 Std. nach Deutschland/ Österreich/Schweiz US$ 10). In Bolivien telefoniert man am günstigsten in den Telefonsshops.

Handys funktionieren in Peru und Bolivien nur, wenn sie mit Triband-Technologie ausgerüstet sind. Mit Prepaidkarten, die man in Supermärkten, Tankstellen und Kiosken kaufen kann, können Sie günstige Ortsgespräche führen.

Vorwahlen: nach Bolivien *00591*, nach Peru *0051*, von Peru oder Bolivien nach Deutschland *0049*, nach Österreich *0043*, in die Schweiz *0041*

TRINKGELD

Nicht üblich sind Trinkgelder bei Taxifahrten. In Restaurants der oberen Preisklasse wird in beiden Ländern oft ein Servicezuschlag von 10 Prozent auf die Rechnung erhoben. In einfachen Restaurants bleibt es dem Gast überlassen, ob er den Service mit einem Extra-Obulus belohnt.

ZEIT

Peru ist zur europäischen Zeit (MEZ) 6, zur europäischen Sommerzeit (MESZ) 7 Std. zurück. In Bolivien ist der Zeitunterschied zur MEZ minus 5 Std., zur MESZ minus 6 Std.

ZOLL

Nur Gegenstände des persönlichen Bedarfs dürfen eingeführt werden. Nicht ausgeführt werden dürfen Kulturgüter. Verboten ist nach der UN-Drogenkonvention auch die Ausfuhr von Kokablättern und Kokatee.

In die Länder der EU dürfen eingeführt werden: Geschenke im Wert bis zu 430 Euro, 200 Zigaretten, (oder 100 Zigarillos, bzw. 50 Zigarren) und 1 l Spirituosen mit einem Alkoholgehalt von über 22 Vol.%.). Verboten ist die Einfuhr von Souvenirs, die aus geschützten Tieren oder Pflanzen hergestellt wurden. *www.zoll.de*

> ¿HABLAS ESPAÑOL?

„Sprichst du Spanisch?" Dieser Sprachführer hilft Ihnen, die wichtigsten Wörter und Sätze auf Spanisch zu sagen

Aussprache

Zur Erleichterung der Aussprache:

c	vor „e" und „i" stimmloser Lispellaut stärker als engl. „th"
ch	stimmloses „tsch" wie in „tschüss"
g	vor „e, i" wie deutsches „ch" in „Bach"
gue, gui/que, qui	das „u" ist immer stumm, wie deutsches „g"/„k"
j	immer wie deutsches „ch" in „Bach"
ll, y	wie deutsches „j" zwischen Vokalen. Bsp.: Mallorca
ñ	wie „gn" in „Champagner"

AUF EINEN BLICK

Ja./Nein.	Sí./No.
Vielleicht.	Quizás./Tal vez.
In Ordnung./Einverstanden!	¡De acuerdo!/¡Está bien!
Bitte./Danke.	Por favor./Gracias.
Vielen Dank!	Muchas gracias.
Gern geschehen.	No hay de qué./De nada.
Entschuldigung!	¡Perdón!
Wie bitte?	¿Cómo dice/dices?
Ich verstehe Sie/dich nicht.	No le/la/te entiendo.
Ich spreche nur wenig …	Hablo sólo un poco de …
Können Sie mir bitte helfen?	¿Puede usted ayudarme, por favor?
Ich möchte …	Quiero …/Quisiera …/ Me gustaría …
Das gefällt mir (nicht).	(No) me gusta.
Haben Sie …?	¿Tiene usted …?
Wie viel kostet es?	¿Cuánto cuesta?

KENNEN LERNEN

Guten Morgen!	¡Buenos días!
Guten Tag!	¡Buenos días!/¡Buenas tardes!
Guten Abend!	¡Buenas tardes!/¡Buenas noches!
Hallo! Grüß dich!	¡Hola! ¿Qué tal?
Ich heiße …	Me llamo …
Wie ist Ihr Name, bitte?	¿Cómo se llama usted, por favor?
Wie geht es Ihnen/dir?	¿Cómo está usted?/¿Qué tal?
Danke. Und Ihnen/dir?	Bien, gracias. ¿Y usted/tú?
Auf Wiedersehen!	¡Adiós!

SPRACHFÜHRER SPANISCH

Tschüss!	¡Adiós!/¡Hasta luego!
Bis morgen!	¡Hasta mañana!

UNTERWEGS

AUSKUNFT

links/rechts	a la izquierda/a la derecha
geradeaus	todo seguido/derecho
nah/weit	cerca/lejos
Wie weit ist das?	¿A qué distancia está?
an der Ampel	al semáforo
an der nächsten Ecke	en la primera esquina
Bitte, wo ist …	Perdón, ¿dónde está …
… der Busbahnhof?	… la estación de autobuses?
… die Haltestelle?	… la parada?
Fahrplan	horario
Eine Fahrkarte nach … bitte.	Un billete para …, por favor.
Ich möchte hier aussteigen.	Quiero bajar aquí.
Ich möchte … mieten.	Quisiera alquilar …
… ein Auto …	… un coche.
… ein Boot …	… un barco.

PANNE

Ich habe eine Panne.	Tengo una avería.
Würden Sie mir bitte einen Abschleppwagen schicken?	¿Puede usted enviarme un cochegrúa, por favor?
Gibt es hier in der Nähe eine Werkstatt?	¿Hay algún taller por aquí cerca?

TANKSTELLE

Wo ist bitte die nächste Tankstelle?	¿Dónde estála gasolinera más cercana, por favor?
Ich möchte … Liter …	Quisiera … litros de …
… Normalbenzin.	… gasolina normal.
… Super./… Diesel.	… súper./… diesel.
Voll tanken, bitte.	Lleno, por favor.

UNFALL

Hilfe!	¡Ayuda!/¡Socorro!
Achtung!	¡Atención!

Rufen Sie bitte schnell …	Llame enseguida …
… einen Krankenwagen.	… una ambulancia.
… die Polizei.	… a la policía.
… die Feuerwehr.	… a los bomberos.
Haben Sie Verbandszeug?	¿Tiene usted botiquín de urgencia?
Es war meine Schuld.	Ha sido por mi culpa.
Es war Ihre Schuld.	Ha sido por su culpa.
Geben Sie mir bitte Ihren Namen und Ihre Anschrift.	¿Puede usted darme su nombre y dirección?

ESSEN & TRINKEN

Wo gibt es hier …	¿Dónde hay por aquí cerca …
… ein gutes Restaurant?	… un buen restaurante?
… ein nicht zu teures Restaurant?	… un restaurante no demasiado caro?
Reservieren Sie uns bitte für heute Abend einen Tisch für vier Personen.	¿Puede reservarnos para esta noche una mesa para cuatro personas?
Die Speisekarte, bitte.	La carta, por favor.
Könnte ich bitte … haben?	¡Tráigame …, por favor!
… ein Messer/… eine Gabel	… un cuchillo/… un tenedor
… einen Löffel	… una cuchara
Auf Ihr Wohl!	¡Salud!
Bezahlen, bitte.	¡La cuenta, por favor!

EINKAUFEN

Wo finde ich …	Por favor, ¿dónde hay …
… eine Apotheke?	… una farmacia?
… eine Bäckerei?	… una panadería?
… ein Einkaufszentrum?	… un centro comercial?
… ein Lebensmittelgeschäft?	… una tienda de comestibles?
… den Markt?	… el mercado?

ÜBERNACHTEN

Können Sie mir bitte … empfehlen?	Perdón, señor/señora/señorita. ¿Podría usted recomendarme …
… ein Hotel …	… un hotel?
… eine Pension …	… una pensión?
Ich habe ein Zimmer reserviert.	He reservado una habitación.
Haben Sie noch …	¿Tienen ustedes …?
… ein Einzelzimmer?	… una habitación individual?
… ein Zweibettzimmer?	… una habitación doble?
… mit Dusche/Bad?	… con ducha/baño?
… für eine Nacht?	… para una noche?

... für eine Woche?	... para una semana?
... ein ruhiges Zimmer?	... una habitación tranquila?
Was kostet das Zimmer mit ...	¿Cuánto cuesta la habitación con ...
... Frühstück?	... desayuno?
... Halbpension?	... media pensión?

PRAKTISCHE INFORMATIONEN

ARZT

Können Sie mir einen guten Arzt empfehlen?	¿Puede usted indicarme un buen médico?
Ich habe hier Schmerzen.	Me duele aquí.
Ich habe ...	Tengo ...
... Kopfschmerzen.	... dolor de cabeza.
... Zahnschmerzen.	... dolor de muelas.
... Durchfall.	... diarrea.
... Fieber.	... fiebre.

POST

Was kostet ...	¿Cuánto cuesta ...
... ein Brief ...	... una carta ...
... eine Postkarte ...	... una postal ...
... nach Deutschland?	... para Alemania?
Eine Briefmarke, bitte.	Un sello, por favor.

ZAHLEN

0	cero	19	diecinueve
1	un, uno, una	20	veinte
2	dos	21	veintiuno, -a, veintiún
3	tres	22	veintidós
4	cuatro	30	treinta
5	cinco	40	cuarenta
6	seis	50	cincuenta
7	siete	60	sesenta
8	ocho	70	setenta
9	nueve	80	ochenta
10	diez	90	noventa
11	once	100	cien, ciento
12	doce	200	doscientos, -as
13	trece	1000	mil
14	catorce	2000	dos mil
15	quince	10000	diez mil
16	dieciséis		
17	diecisiete	1/2	medio
18	dieciocho	1/4	un cuarto

Cuzco: Kirche La Compañía

> UNTERWEGS IN PERU UND BOLIVIEN

Die Seiteneinteilung für den Reiseatlas finden Sie auf dem hinteren Umschlag dieses Reiseführers

REISE ATLAS

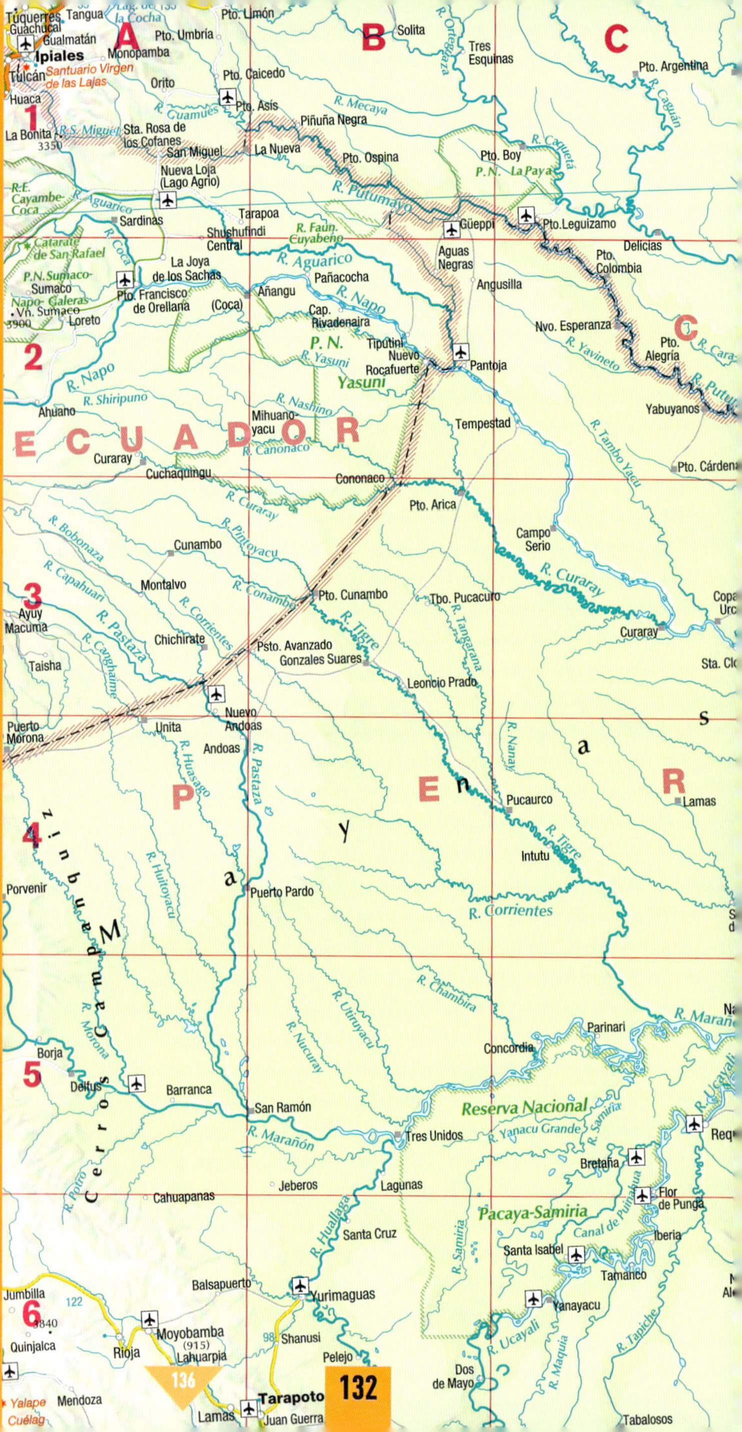

Túquerres
Tangua
Guachucal
Gualmatán
Ipiales
Tulcán
Santuario Virgen de las Lajas
Monopamba
Orito
Huaca
La Bonita
3350
R. S. Miguel
Sta. Rosa de los Cofanes
San Miguel
Nueva Loja (Lago Agrio)
R. Guamues
Pto. Limón
Pto. Umbría
Pto. Caicedo
Pto. Asís
Piñuña Negra
La Nueva
Pto. Ospina
R. Mecaya
Solita
R. Orteguaza
Tres Esquinas
Pto. Argentina
R. Caguán
R. Caquetá
Pto. Boy
P. N. La Paya
R. Putumayo
Güeppi
Pto. Leguizamo
Delicias
Pto. Colombia
Aguas Negras
Angusilla
Nvo. Esperanza
R. Yavineto
Pto. Alegría
Yabuyanos
R. E. Cayambe-Coca
R. Aguarico
Sardinas
Tarapoa
Shushufindi Central
R. Faun. Cuyabeno
Catarata de San Rafael
R. Coca
P.N. Sumaco-Napo-Galeras
Sumaco
Vn. Sumaco
3900
La Joya de los Sachas
Pto. Francisco de Orellana
(Coca)
Loreto
Añangu
Pañacocha
R. Napo
Cap. Rivadenaira
P. N. Yasuni
R. Yasuni
Tiputini
Nuevo Rocafuerte
Pantoja
Ahuano
R. Shiripuno
R. Nashino
Mihuano-yacu
ECUADOR
R. Canonaco
Curaray
Cuchaquingu
Cononaco
Tempestad
R. Tambo Yacu
Pto. Cárdena
Pto. Arica
Campo Serio
R. Curaray
R. Bobonaza
Cunambo
R. Pintoyacu
R. Capahuari
Montalvo
R. Conambo
Pto. Cunambo
Tbo. Pucacuro
Ayuy
Macuma
R. Pastaza
R. Corrientes
Chichirate
R. Tigre
R. Tangarana
Taisha
R. Canghaime
Psto. Avanzado Gonzales Suares
Leoncio Prado
Curaray
Sta. Cl
Nuevo Andoas
Puerto Morona
Unita
Andoas
R. Huasago
R. Nanay
Pucaurco
Lamas
Porvenir
R. Huitoyacu
Puerto Pardo
Intutu
Cerros Campanquiz
Pa y En a R S
R. Chambira
R. Utiriyacu
R. Nucuray
R. Morona
Borja
Delfus
Barranca
San Ramón
Parinari
Concordia
R. Marañón
Reserva Nacional Pacaya-Samiria
Tres Unidos
R. Yanacu Grande
R. Samiria
R. Ucayali
Bretaña
Flor de Punga
Canal de Puinahua
Iberia
Jeberos
Lagunas
Cahuapanas
R. Potro
Santa Cruz
R. Huallaga
Santa Isabel
Tamanco
Balsapuerto
Yurimaguas
Yanayacu
Jumbilla
122
3840
Quinjalca
Rioja
Moyobamba
(915)
Lahuarpia
98
Shanusi
Pelejo
R. Maquia
R. Tapiche
Dos de Mayo
Yalape
Cuélag
Mendoza
Lamas
Tarapoto
Juan Guerra
Tabalosos

136

D
E
F
1
2
3
4
5
6
50 km
Mesas
P. N.
de Iguache
Serranía
de Chiribiquete
Rdl. Huitoto
Rdl. Aguas Verdes
Rdl. Hacha
Rdl. del Embudo
R. Yarí
R. Mesai
Raudal de la Sal
a. Rita
Ocaso
R. Apaporis
Rdl. Yurupari
R. Cananari
Cach. Uacaca
Papurí
Rdl. Cururú
Rdl. Palito
Pacoa (Buenos Aires)
S. Miguel
R. Pira Paraná
Rdl. Coro
Rdl. Tonimuca
Pata
R. Taraira
-5h Gr. Time
-4h Gr. Time
Pto. Pizarro
Rapidos Coemani
Araracuara
860
Monos
R. Miritiparaná
Rdl. Macuna
C O L O M B I A
R. Caquetá
Salto Tequendama
Chorro la Libertad
Rdl. Quinché
Los Patricios
Occidente
Tolima A
Rdl. Solarte
P. N. Natural Cahuinari
R. Cahuinari
Bocas de Cahuinari
R. Caqueta
Reserva
La Chorrera
Concepción
El Encanto
R. Igara Paraná
P.N. Natural Río. Pure
R. Pure
Pto. Arturo
Pto. Belén
Purma
Pto. Pupuña
Puerto Tumaco (Sabaloyaco)
R. Putumayo
Pucauro
S. Salvador
Pto. Pipa
Flor de Agosto
Napo
R. Algodón
Tbo. Ponciano
Vidal
Yaguas
R. Yaguas
Tarapacá
R. Ampiyacu
Santa Rosa
Ú
Buenos Aires
Pebas
R. Cotuhe
R. Napo
Franzico de Orettana
P.N. Amacayacu
Áreas Indígenas Tikuna Evare
Mazan
R. Amazonas
IQUITOS
Padre Isla
Pto. Nariño
R. Nanay
I. Tigre
I. Loreto
Caballococha
nta Maria Nanay
Tamshiyacu
San Juan
Paraíso
Leticia
Tabatinga
Bosmediano
R. Yavari
R. Javari
Atalaia do Norte
Á. I. Lameirão
Benjamin Constant
Esperanza
Á. I. Tikuna São Leopoldo
R. Yavari Mirim
Santa Fé
Estirão do Equador
R. Ituí
Bagazan
Mirador
Botafogo
R. Curuça
R. Itaquai
Colonia Angamos
Palmeiras do Javari
R. Galvez
Áreas Indígenas
Posto Funai
B R A S I L
R. Blanko
R. Pardo
R. Branco
R. Jandiatuba
A m a z o n a s
do Vale do Javari
R. Curuça
R. Ituí
R. Itaquai
Remanso
Eirunepé
137

ECUADOR
Golfo de Guayaquil
GUAYAQUIL
Milagro
Ba. de Sta. Elena
La Puntilla
Sta.Elena
Salinas
Luis Tamayo
Anconcito
Chanduy
Azúcar
Gómez Rendón
Morro
Gral. Villamil (Playas)
Posorja
Canal de Morro
Puná
I. Puná
Pta. Carnera
Estero de Boca
Puerto Grande
Canal de Jambelí
Balao
El Alfaro (Durán)
R.E. Manglares Churute
Pedro J. Montero (Boliche)
Naranjito
La Troncal
Pancho Negro
Naranjal
N.P. Cajas
Alausí
Palmira
Co. Ayapunga
Cumandá
Chunchi
Zhud
Cañar
Ingapirca
Biblián
Sageo
Déleg
Azogues
Borrero
Paute
CUENCA (2530)
Gualaceo
Sta. Ana
Sigsig
Cumbe
Girón
Gima
Alshi
Macuma
Macas
P. N. Sangay
E. Amaluza
Amaluza
Rivera
Sucúa
Santiago de Méndez
General L. Plaza
Gutiérrez
Soldado Monge
Santiago
Machala
Pasaje
Pto.Bolivar
Huaquillas
Sta.Rosa
Uzhcurrumi
Chilla
Oña
Saraguro
Gualaquiza
R. Zamora
R. Santiago
Zarumilla
Túmbes
Arenillas
Paccha
Zaruma
Portovelo
Balzas
Santuario del Cisne
Chuquiribamba
28 de Mayo
Yantzaza
Paquisha
Porvenir
Pta. Malpelo
Zorritos
Pampa
El Toro
Palmales
Marcabelí
Llano
Chaguarpambo
Sabanilla
LOJA (2250)
Catamayo
Guayzimi
Puerto Galilea
Cañaveral
Alamor
Pindal
Catacocha
Gonzanamá
Zamora
Parque Nacional Cerros de Amotape
Máncora
Celica
Manguaurcu
Co. de Amotape
Vilcabamba
P.N. Podocarpus
El Alto
Pta. Restín
Lobitos
Atascadero
Zapotillo
Utuana
Macará
Cariamanga
Amaluza
Valladolid
Huampami
Santa María de Nieva
Talara
Co. Prieto
Embalse Poechos
Suyo
Orellana
Pta. Pariñas
San Jacinto
Lancones
Las Lomas
Ayabaca
Zumba
Chito
San Felipe de Vichayal
SULLANA
Tambo Grande
R. Chira
R. Piura
R. S. Pablo
Cord. de Guamaní
Chalaco
Chulucanas
Morropón
Huancabamba
Salitral
San
R. Chinchipe
Cordillera del Condor
R. Cenepa
R. Marañón
Pongo de Cumbinama
Chiriaco
R. Nieva
Bahía de Paita
Paita
Pta. Hereda
Castilla
PIURA
Catacaos
Vicús
Ignacio Tabaconas
San José del Alto
Puerto Tamborapa
Bellavista
Chontali
Jaén
Bagua
Bagua Grande
Monte Peruvia
Jumbilla
La. Ramón Grande
Bahía de Sechura
Sechura
Pta. Aguja
Bayóvar
Desierto de Sechura
Insculas
R. Huancabamba
Chuncar
Co. Illesca
Pta. Negra
La Trampa
R. Cascajal
Olmos
Co. Calpón
Apurlec
Pomahuaca
Pucará
R. Chamaya
R. Utcubamba
Valera
Motupe
Co. S. Lorenzo
Incahuasi
Querocotillo
P.N. de Cutervo
Yamón
Chimbán
Sócota
Tacabamba
Ocalli
Lamud
Chachapoyas
Yalape
Cuélag
Salinas
Salas
Cutervo
Miracosta
Jayanca
Illimo
Túcume
Mochumí
Sipán
Chongoyape
Cochabamba
Chancaybaños
Lajas
Chota
Chadín
Maria
Yomblón
I. Lobos de Tierra
Lambayeque
Ferreñafe
R. Chancay
Catache
Bambamarca
Pimentel
CHICLAYO
Reque
La Florida
Co.S.Cirilo
Celendín
Balsas
Saña
Mocupe
San Miguel de Pallaques
S.Pablo
Longotea
Is. Lobos de Afuera
Lagunas
Pta. de Chérrepe
Guadalupe
Tembladera
CAJAMARCA (2750)
Matara
Chepén
Co. Cupisnique
Chilete
Contumazá
Cachachi
Ichocán
Pacasmayo
San Pedro de Lloc
Cascas
Cajabamba
Lucma
Puerto Chicama
Pta. Malabrigo
I. de Macabí
Paiján
Chocope
Ascope
Sinsicap
Usquil
Otuzco
Huamachuco
Santiago de Cao
Quiruvilca
TRUJILLO
Chan-Chan
Moche Pyramids
Santiago de Chuco
Pampas
Pallasca
Pta. de Guañape
Virú
R.N. Calipuy
Tauca
La Pampa
Is. de Guañape
I. Chao
R. Santa
Chuquicara
Gran Muralla
Huallanca
I. Santa
Santa
CHIMBOTE
Moro
Caraz (2250)
Yungay
Cord. Negra
I. Ferrol
Pta. Zamora
Nepeña
Samanco
I. La Viuda
Buena Vista Alta
Carhuaz
Señal Mongón
Casma
Cordillera Real
CORDILLERA
Cord. Central
OCÉANO PACIFICO
50 km

D
E
F
132
1
2
3
4
5
6
Tbo. Pucacuro
Copal Urco
Curaray
Sta. Clotilde
R. Pastaza
R. Canghaime
Chichirate
Corrientes
Psto. Avanzado Gonzales Suares
R. Tigre
R. Tangarana
Leoncio Prado
Nuevo Andoas
Unita
Andoas
R. Huasago
R. Pastaza
R. Nanay
Pucaurco
Lamas
R. Tigre
Intutu
R. Nanay
R. Huitoyacu
Puerto Pardo
R. Corrientes
Santa Maria de Nanay
Cerros Campanquiz
R. Morona
R. Chambira
R. Utiruyacu
R. Nucuray
Nauta
R. Marañón
Parinari
Concordia
Borja
Delfus
Barranca
San Ramón
R. Marañón
Reserva Nacional
R. Ucayali
Bagazan
Tres Unidos
R. Yanacu Grande
R. Samiria
Requena
Bretaña
R. Potro
Jeberos
Lagunas
Flor de Punga
Cahuapanas
Pacaya-Samiria
Canal de Puinahua
R. Huallaga
Santa Cruz
Iberia
R. Samiria
Santa Isabel
R. Blanko
Tamanco
Balsapuerto
Yurimaguas
Yanayacu
122
Moyobamba
(915)
Rioja
Lahuarpia
98
Shanusi
Pelejo
R. Ucayali
R. Maquia
R. Tapiche
128
R. Mayo
Dos de Mayo
Mendoza
Tarapoto
Huimbayoc
Lamas
Sisa
Juan Guerra
Tabalosos
96
Pilluana
Orellana
Ana-Maria
R. Huayabamba
Saposoa
Picota
Bellavista
Sacanche
Juanjui
Shamboyacu
Pampa Hermosa
Cerros de Canthyuaya
Contamana
R. Cushabatay
A.I. Nukini
P.N. da Serra do Divisor
R. Moa
Serra do Moa
Gran Pajatén
Campanilla
Parque Nac.
R. Callana
Boqueirão
P.N.
El Valle
178
Cordillera
R. Pisqui
788
Río Abiseo
Pólvora
Tiruntan
Sierra Cuntamana
Parcoy
Azul
R. Aguaytia
Buldibuyo
Tocache
Ongón
Nuevo Mamán
Tayabamba
R. Huallaga
PUCALLPA
16
197
Uchiza
Marañón
Huacrachuco
Tamaquillo
Agua
San Alejandro
Masisea
Honoria
Tournavista
L. Inuria
Pomabamba
35
L. Chioa
R. Tamaya
127
Aucayacu
P.N. Huascarán
299
Aguaytia
Caliente
R. Pachitea
52
Huacaybamba
1500
Chacas
6768
Arancay
Monzón
Señal Huascarán
Aczo
Luyando
Puerto Inca
Iparia
Tantamayo
Huari
P.N. Tingo María
Tingo Maria
R. Poccha
Tarica
Huaraz
(3028)
Punos
Jacas Grande
Pataz Rondos
89
16
R. Chesea
Chavín de Huántar
Recuay
Chuquis
R. N. del Sira
138
Cordillera Oriental
Cordillera Central
Cordillera Blanca
Pampas de Sacramento
Montaña
Maynas
Perú

A
B
C
132
1
2
3
4
5
6
138
1
50 km
Cordillera Oriental
CORDILLERA DE LOS ANDES
Cordillera Central
Cordillera Blanca
Cordillera Negra
Pampas de Sacramento
Cerros del
P E R Ú
Chiriaco
Nieva
Jeberos
Lagunas
Reserva Nac
Pacaya-Samiria
Santa Isabel
Santa Cruz
Cahuapanas
Balsapuerto
Yurimaguas
Bellavista
Bagua
Bagua Grande
3779
Monte Peruvia
Jumbilla
R. Utcubamba
3840
Valera
Quinjalca
P. N. de Cutervo
Yamón
Chimbán
Sócota
Tacabamba
Ocalli
Lamud
(2400)
Chachapoyas
Yalape
Mendoza
Maria
Cuélag
Chadín
Chota
Bambamarca
Yomblón
Leimebamba
L. de los Condores
Co.S.Cirilo
4183
Celendín
Balsas
Longotea
CAJAMARCA
(2750)
Matara
Bolívar
Ichocán
4333
Cachachi
Lucma
Cajabamba
Aricapampa
Usquil
Otuzco
Quiruvilca
Huamachuco
4733
Parcoy
Pampas
4930
Santiago de Chuco
Pallasca
R. N. Calipuy
Tauca
La Pampa
Sihuas
Umbe
Chuquicara
Huallanca
Pomabamba
Santa
Gran Muralla
CHIMBOTE
Nepeña
I. Santa
I. Ferrol
Pta. Zamora
Samanco
I. La Viuda
Moro
Buena Vista Alta
Casma
Señal Mongón
1144
Caraz
(2250)
Yungay
5947
Alpamayo
P. N. Huascarán
6768
Señal Huascarán
Chacas
Carhuaz
Tarica
Huaraz
(3028)
Pariacoto
Recuay
Aija
Malvas
Pta. Culebras
Culebras
Huarmey
Señal Canoas
1477
Paramonga
Pativilca
Barranca
Caral
Végueta
Huacho
Bahía de Salinas
Pta. Salinas
I. Chiquitina
I. Mazorca
Huaral
Chancay
Ancón
Carabayllo
CALLAO
I. San Lorenzo
LIMA
Chorrillos
Pachacámac
San Bartolo
Moyobamba
(915)
Rioja
Lahuarpia
R. Mayo
Shanusi
Pelejo
Tarapoto
Lamas
Sisa
Juan Guerra
Pilluana
Picota
Saposoa
Bellavista
Sacanche
Juanjui
R. Huayabamba
Gran Pajatén
Campanilla
P. N. Río Abiseo
El Valle
Pólvora
Buldibuyo
Tocache
Ongón
Tayabamba
Nuevo Mamán
Uchiza
R. Huallaga
R. Marañon
Huacrachuco
Tamaquillo
Aucayacu
Huacaybamba
Arancay
Monzón
Aczo
Huari
R. Poccha
Chavín de Huántar
Punos
Jacas Grande
Tantamayo
P. N. Tingo María
Tingo Maria
Luyando
Patay Rondos
La Unión
Chuquis
Chavinillo
Huancapallac
Santa María del Valle
Huánuco
(1812)
Panao
Margos
Ambo
Baños
Chiquián
Huayllacayán
Yerupaja
6634
Cajamarquilla
Chasquitambo
Ocros
Aco
Cajatambo
Manas
Ambar
Yanahuanca
Goyllarisquizga
5748
Huanchón
San Rafael
Cerro de Pasco
L. Punrun
Churín
Cochamarca
Sant. N. Huayllay
Huayllay
R. N. Junín
L. de Junín
Carhuamayo
Ondores
Junin
Jucul
Santa Cruz
Sayán
Ihuarí
Pacaraos
R. Huaura
R. N. Lachay
Acos
4500
Marca-pomacocha
Canta
Huanza
La Oroya
Tarma
Palcamayo
Palca
Ricrah
R. Mantaro
Quilca
Yangas
Matucana
5317
Cocachacra
Chosica
R. Rimac
R. Lurín
Langa
Huarochirí
Ayavirí
R. de Mala
Calanga
Omas
Tomas
Yauyos
Catahuasi
5010
Huimbayoc
Dos de Mayo
R. Ucayali
R. Samiria
R. Maquia
Orellana
Shamboyacu
Pampa Hermosa
R. Cushabatay
Contamana
Parque Nac. Cordillera Azul
R. Pisqui
Tiruntan
R. Aguaytia
Agua San Alejandro
Tournavista
Aguaytia
Caliente
R. Pachitea
Puerto Inca
Codo de Pozuzo
R. Pozuzo
R. N. del Sira
Puerto Victoria
Pozuzo
R. Palcazu
Puerto Bermudez
P. N. Yanachaga-Chemillen
Oxapampa
Bosque de Proteccion
Cadena de Co. de la
R. Pichis
R. Paucartambo
San Luis de Shuaro
Bajo Pichanaqui
San Ramon
Satipo
Monobamba
R. Tulumayo
Jauja
Canchayllo
Huamali
Comas
5334
Santa Rosa de Ocopa
Concepcion
Sincos
HUANCAYO
Huayucachi
San Jose de Quero
Pampas
Acostambo
Vilca
Huancavelica
Mariscal Cáceres
Yauli
Acobamba
Santo de Acc
Surcub
Salcab
1500
Yar
1
3
16
299
400
418
142
158
200

D
E
F
133
Flor de Punga
Iberia
Tamanco
Nueva Alejandria
R. Blanko
R. Galvez
R. Yavari
R. Javari
Posto Funai
Áreas Indígenas
R. Pardo
R. Curuça
R. Branco
1
A m a z o n a s
do Vale do Javari
R. Tapiche
R. Itui
R. Itaquaí
L
Tabalosos
Ana-Maria
Recife
União
B R A S I L
Ipixuna
A. I. Kulina
R. Gregório
R. Ipixuma
2
do Médio Juruá
Santo Amaro
A
Á. I. Nukini
R. Moa
Valparaiso
Serra do Moa
P.N. da Serra
Guajara
Cruzeiro do Sul
Japim
Lorena
R. Callana
98
Á. I. Campinas
-4h Gr. Time
-5h Gr. Time
227
Boqueirão
788
Tatajuba
São Vicente
Tarauacá
Serra do Divisor
Sierra Cuntamana
M
Á. I. Jaminawá do Ig. Preto
Progresso
Pacujá
Fortaleza
PUCALLPA
Rio Branco do Divisor
Pôrto Valter
Á. I. Arara Ig. Humaitá
Á. I. Rio Gregório
Á. I. Kaxinawá Praia do Carapanã
R. Muru
Nôvo Pôrto
3
A c r e
Atenas
Á. I. Kampa do Ig. Primavera
Masisea
L. Inuria
L. Chioa
R. Tamaya
Á. I. Jaminawá Arara do Rio Bajé
Taumaturgo
R. Tarauacá
Paraná do Ouro
R. Tejo
Alto Bonito
Á. I. Kaxinawá do Rio Humaitá
California
Á. I. Kaxinauá Nova Olinda
Á. I. Kampa do Rio Amonea
Iparia
N
Foz do Jordão
R. Chesea
Á. I. Kaxinawá do Rio Jordão
R. Embira
Simpatia
R. Yurúa
Puerto Portillo
4
Esperanza
Curanja
San Gregorio
T
Bolognesi
R. Curanja
R. Ucayali
R. Mashansha
San Pedro
A
R. Inuya
Parque Nacional
R. Alto Chandless
R. Alto Purús
Atalaya
Gran Pajonal
R. Urubamba
Alerta
Á. I. Mamoa-date
Ñ
R. Cujar
Alto Purús
R. Iaco
5
R. Tambo
Puerto Prado
Shepahua
R. de Las Piedras
Cord. Vilcabamba
R. Ene
Pongo de Paquipachango
R. Mishagua
A
Zona Reservada
R. Lidia
Camisea
R. Manú
469
P. N. Otishi del Apurimac
R. Mantaro
Puerto Rico
Parque Nacional
R. Yaveroó Paucartambo
6
San Francisco
R. Urubamba
R. Alto Madre de Dios
67
San Pedro de Coris
Churcampa
Abra Tapuna
3814
Tambo
Co. Atalaya
4382
Manú
139
R. Yanatili
Shintuya

A
B
C
1
2
3
4
5
6
136
Carhuamayo
Churín
Sant. N. Huayllay
R. N. Junín
Santa Cruz
Jucul
Huayllay
Ihuarí
Pacaraos
Ondores
Junin
San Luis de Shuaro
San Ramon
Palcamayo
Bajo Pichanaqui
R. Perené
Satipo
Puerto Prado
R. Tambo
Shepahua
R. Urubamba
Acos
4500
R. Mantaro
La Oroya
Palca
Tarma
Monobamba
Mazamari
R. Ene
Pongo de Paquipachango
Zona Reservada
Canta
Marca-pomacocha
Quilca
Ricrah
R. Tulumayo
Llaylla
Huanza
Jauja
Canchayllo
Comas
5334
Santo Domingo de Acobamba
Yangas
Matucana
Huamali
Santa Rosa de Ocopa
Concepcion
Sincos
Cocachacra
5317
R. Rimac
Chosica
HUANCAYO
R. Mantaro
Puerto Rico
R. N. Otishi
Cord. del Apurimac
Cord. Vilcabamba
Huarochirí
R. Lurín
Langa
Tomas
San Jose de Quero
Huayucachi
Surcubamba
Salcabamba
San Francisco
Pachacámac
San Bartolo
Pampas
Acostambo
Paucarbamba
R. Urubamba
Pta. Chilca
386
Calanga
R. de Mala
Ayaviri
Yauyos
Vilca
Mariscal Cáceres
San Pedro de Coris
Churcampa
Abra Tapuna
Chilca
158
Omas
5010
Huancavelica
Yauli
Tambo
3814
Quillabamba
Mala
Asia
Catahuasi
Co. Chocca
5231
Aco-bamba
Huanta
San Miguel
Lunahuana
Aurahua
Lircay
Vilcabamba
R. de Cañete
L. Orco-cocha
San Pedro de Cachi
Ayacucho
R. Apurimac
San Vincente de Cañete
San Juan de Yanac
Nudo Chichlaraza
Chungui
Huachos
Castrovirreyna
5168
Ocros
R. Pampas
Chincha Alta
Paras
Vilcas Huaman
Santuaria Nacional de Ampay
L. Pacucha
Bahía de Paracas
Tambo Colorado
Huancano
Changallo
Carhuanca
Anda-huaylas
Pisco
Humay
R. Chiris
Santiago de Choeorvos
Huanca Sancos
Cayara
Is. de Chincha
Pta. Paracas
Pto. San Martín
Paracas
Querco
Querobamba
I. San Gallanan
Pen. de Paracas
Huamani
Colcabamba
R. Soras
R. Pacacocha
Res. Nacional
Pampa de
ICA
Huacaña
Mte. Wilson
236
Los Aquijes
Pampachiri
Pachacona
Pta. Carreta
Chunchanga
Laramate
Aucara
R. Pampamarca
Chalhuanca
Carhua
316
406
I. de la Independencia
Paracas
Tablazo de Ica
R. delca
Otoca
Antabamba
Palpa
Lucanas
Cord. de Huanzo
Pampa de Huayuri
Changuillo
968
El Engenio
Puquio
Abra Huashuaccasa
5300
Nazca Linea
R. N. Pampa Galeras
4246
L. Apiñacoccha
R. Grande
Nazca
(619)
Pacapausa
Bahía de Caballos
Co. Criterion
1725
R. de Lomas
Sancos
Coracora
Chumpi
Santa Ana
R. Yauca
Pullo
Incuyo
Marcona
Pausa
R. Cotahuasi
4910
Bahía San Nicolás
L. Parinacochas
5522
Bahía San Juan
Pta. San Juan
San Juan
Acari
R. Lampa
Quicacha
Cahuacho
Yauca
1287
Caraveli
Chaparra
Chala
493
R. de Ocoña
Iquipi
Pampa de Cortaderas
Pta. Tinaja
Atico
2164
Ocoña
Peru Chile Trench
2000
4000
6000
OCÉANO
PACIFICO
4000
6868
50 km
4188
4000
4834

D
E
F
137
R. Cujar
R. Iaco
Areas Indígenas Mamoadate
Estação Ecológica Rio Acre
Assis Brasil
Brasiléia
Iñapari
Tokio
Cobija
Porvenir
Filadelfia
Parque Nacional
Alto Purús
R. de Las Piedras
R. Tahuamanu
R. Mishagua
Iberia
Fortaleza
San Lorenzo
5h Gr. Time
4h Gr. Time
R. Lidia
R. Manú
Firmeza
469
R. Manuripe
Barcelona
Mavila
Parque Nacional
Lucerna
R. Yaveroó Paucartambo
Manú
R. Alto Madre de Dios
Las Piedras
Puerto Heath
Co. Atalaya
4382
Shintuya
Madre de Dios
Puerto Maldonado
(250)
R. Inambari
Inambari
Las Hormigas
Filadelfia
Reserva Nacional
Maranura
R. Yanatili
Cord. de Carabaya
Pto. San Carlos
Tambopata
Pilcopata
(650)
R. Heath
Lares
Uru-bamba
Calca
Quince Mil
Puerto Leguia
R. Tambopata
Nevado Salcantay
6271
Paucartambo
(2900)
Pisac
Huaro-condo
Anta
Mollepata
Marcapata
Sanire
Parque Nacional
Guarayos
(3310)
CUZCO
Lanlacuni Bajo
Nacional Bahuaja Sonene
Lucre
Ccatca
Ocongate
Yaurisque
4506
Urcos
Nudo Ausangate
Cotabambas
Paruro
6398
Nudo Allincapac
5784
1168
Lambrama
Tambobamba
Acomayo
Cusi-pata
L. Shibina-cocha
Ayapata
Pacchani
R. Inambari
Progreso
Pomacanchi
415
Macusani
Coasa
Belem
San Rafael
Combapata
Limbani
Chuqui-bambilla
Cord. de Vilcanota
Nudo Aricoma
Patambuco
Sandia
Yanaoca
Templo de Viracocha
Sicuani
(3960)
Crucero
Quinota
Quehue
Rosario
Sina
L. Langui Layo
Ñuñoa
San Anton
Nudo de Sunipani
5159
R. Carabaya
Nudo de Apolobamba
Alto Madidi
R. Tuichi
Velille
El Descanso
Layo
Santa Rosa
Piuna
Pata
R. Oropesa
R. Sto. Tomas
Asillo
Pelechuco
5005
Yauri
Macari
Ayaviri
Azangaro
R.N. Faun. Ulla Ulla
Puyca
L. Macucocha
Suycku-tambo
Hector Tejada
Llalli
Putina
Cord. de Chilca
Pucara
R. Putina
Ulla Ulla
Juán José Perez
Ocoruro
L. de Arapa
Arapa
Huan-cane
R. Suches
Vilavila
R. Pucara
Nicasio
Taraco
Rosaspata
Co. de Pomasi
5465
Lampa
JULIACA
(3825)
Mocomoco
Inkanwaya
Huasi
Orcopampa
Calhua
Nev. Coropuna
6425
L. Pane
R. Colca
L. Ananta
Moho
Chuma
Cañon del Majes-Colca
Sibayo
R.N. Titicaca
I. Soto
Pto. Acosta
Andagua
5601
Deustua
Coata
Capachica
Quiabaya
Chivay
Santa Lucia
I. Amantani
Pto. Carabuco
Ayo
Madrigal
R. Colca
Achoma
Paucar-colla
Huambo
Nev. Ampato
6288
Imata
L. Lagunillas
Mañazo
PUNO
(3855)
I. Taquili
Sorata
6368
Cord. de Ampato
Tiquillaca
3810
Nev. Illampu
Los Andes
R.N. Salinas-Aguada Blanca
San Antonio de Esquilache
L. Titicaca
Copaca-bana
Achacachi
Aplao
Lluta
258
Ilave
Pen. de Copacabana
Pen. de Huata
Huarina
Pampas de Sihuas
Vn. Chachani
6079
Misti
5835
Tarucani
Ichuña
5356
R. Ilave
187
Yunguyo
R. de Majes
Yura
AREQUIPA
L. Jucumarini
Juli
4813
L. Huiñaimarca
Golfo de Taraca
Vitor
Vn. Pichupichu (2380)
Matalaque
Sorapa
Tiahua-naco
Tiabaya
5669
R. Coralaque
Nev. Huayasa
5431
Zepita
Tapena
Huañamarca
Polobaya Grande
Puquina
R. Huenque
Guaqui
Tiahua-naco
4609
Quilca
Omate
Calacoa
Vn. Ticsani
Mazo-Cruz
Huacullani
115
Pampa de la Yoya
5395
271
Pisacoma
1707
3393
L. Loriscota
Pta. Hornillos
Cachendo
Santiago de Machaca
Islay
204
R. Tambo
L. Suches
5810
-5h Gr. Time
-4h Gr. Time
Mollendo
Mejia
Pampa de la Moqueguа
Torata
Tacalaya
Taruca
Achiri
Calacoto
Punta de Bombon
Moquegua
Candarave
R. Mauri
Co. Cirque
General Camacho
Clemesi
L. Aricota
5088
Yerba Buena
Villa Toquepala
Curibaya
Inoca
R. Moquegua
Tarata
5458
R. Mauri
Hospicio
Estique
Vn. Tacora
Visviri
Ilo
1775
R. Locumba
258
L. Blanca
5950
Pta. Coles
R. Sama
Cosapilla
Okoruro
Ite
Las Yaras
Pachia
CHILE
P.N. Sajama
273
Sama
TACNA
Caquena
Nev. de Sajama
6542
Cosapa
144
L. Chungara
Hospicia
Sajama
R. Lluta
P.N.
Chungará
Jaruma
1
2
3
4
5
6
BOLIVIA

Á. I. Alto
Rio Purus
R. Chandless
R. Caeté
B R A S I L
A
B
C
1
São José
R. Iaco
R. Antimari
149
Pôrto Acre
Santo Antonio
Desejado
Á. I. Kaxa
R. Marm
144
São Pedro
do Icó
Quixadá
RIO BRANCO
201
272
Santos Merc
50 km
R. Macauã
Curitiba
R. Branco
A c r e
Plácido
de Castro
Avelino
Chaves
Reserva Extrativista
R. Xapuri
Chico Mendes
R. Mapiri
R. Pacahuara
Áreas Indígenas
Mamoadate
244
Xapuri
Pto. Rico
Santa Rosa
Humaitá
116
Estação Ecológica
Rio Acre
P a n d o
Lanza
Ingavi
Assis Brasil
R. Xipamanu
Nacebe
R. Ortho
Victoria
Iñapari
Cobija
Brasiléia
San Lourdes
Bella Flor
Puerto Rico
Reserva
Tokio
33
136
56
Maravilla
2
R. Tahuamanu
Porvenir
Filadelfia
R. Tahuamanu
R. Manuripi
Indepen-
dencia
Nacional
Conquista
Sena
Exaltación
Iberia
Fortaleza
San Lorenzo
Amazónica
120
Cho
San
Miguelito
2
Firmeza
R. Manuripe
Mavila
134
San
Silvestre
Manuripi
Ascunción
R. Sena
R. Biata
Maquin
Barcelona
Lucerna
4h Gr. Time
-5h Gr. Time
Heath
R. Madre de Dios
Fortaleza
Bolivar
R. Manurimi
Chivé
250
Arr. Jenesh
3
Las Piedras
Puerto Heath
R. Madidi
Madre de Dios
Puerto
Maldonado
(250)
Carvinas
Inambari
R. Inambari
Las
Hormigas
Filadelfia
Buena Hor
R. Beni
Santiago de
Pacaguaras
Pto. San
Carlos
R. Tambopata
R. Heath
248
Parque
Nacional
8
Puerto
Leguia
R. Esmeralda
R. Yata
Rioj
Guarayos
Yata
P E R Ú
R. Negro
R. Unduma
R. Inambari
1168
R. Madidi
Ixiamas
R. Tequeje
L. Rogagua
4
Cerros de Bala
Caupolican
Pacchani
R. Lanza
80
Ayapata
San Rafael
Alto
Madidi
50
2
R. Yacuma
Coasa
Limbani
Belem
Tumupasa
1520
L. Yusala
Nudo Aricoma
Patambuco
Sandia
R. Tuichi
50
Reyes
104
Sta.
Rosa
R. Tuichi
San
Buenaventura
Crucero
Rosario
R. Carabaya
Nudo de
Sunipani
Sina
2157
Estambul
San
Anton
5159
Nudo de Apolobamba
Piuna
Pata
Sta. Cruz
Snía. del Beu
R. Yacuma
102
278
Asillo
Apolo
San Borja
135
Azangaro
R.N.
Faun.
Ulla
Ulla
Pelechuco
R. Aten
48
Putina
R. Putina
5
B O L
Pucara
Arapa
L. de
Arapa
Huan-
cane
R. Suches
Ulla
Ulla
Juán José
Perez
R. Camata
Yucuma
Nicasio
Taraco
Rosaspata
R. Consata
R. Beni
R. Mapiri
R. Maniqui
Lampa
64
Mocomoco
Inkanwaya
Mapiri
163
Pto. Ca
JULIACA
(3825)
Moho
Chuma
L a P a z
Guanay
Suapi
Coata
R. N.
Titicaca
I. Soto
Pto. Acosta
R. Tipuani
San Miguel
de Huachi
Deustua
44
Capachica
I. Amantani
Pto.
Carabuco
Quiabaya
R. Coroico
79
Paucar-
colla
Caranavi
2120
R. Sécure
Mañazo
3810
Sorata
Nev. Illampu
6368
Nev. Ancohuma
6427
Chacopaya
R. Boopi
Tiquillaca
PUNO
(3855)
I. Taquili
272
3
319
L. Titicaca
Acha-
cachi
cord. Real
Y U N
San Antonio
de Esquilache
3
Ilave
Copaca-
bana
Pen.
de Huata
100
Isib
R. Ilave
60
Pen. de
Copacabana
Huarina
Coroico
5356
187
Yunguyo
Nev. Huayna
Potosi
6088
P.N.
Cotapata
6
Juli
45
L. Huiñaimarca
56
Irupana
R. Huenque
Sorapa
38
4813
Tiahua-
naco
Tiahua-
naco
(3636)
R. Zuri
R. Cotacajes
R. Altamachi
L. Jucumarini
79
Zepita
Golfo
de
Taraca
Laja
LA PAZ
Nev. Huayasa
5431
Tapena
Nev. del Illimani
6462
R. de la Paz
144
Guaqui
115
153
Cajuata
259
Mazo-
Cruz
EL
ALTO
271
164
34
107
Pisacoma
Cala-
marca
Aracu
5870
Inquisivi
Escola
4750

D
E
F
1
2
3
4
5
6
487
Bom
mercio
Fortaleza
Abunã
Mutum
Paraná
Cach.
Pederneira
Salto
do Jirau
215
Á. I.
Karitiana
R. São Francisco
R. Branco
Sta.
Cruz
Caritianas
140
R. Jamari
R. Preto do Crespo
Novo
Oriente
R. Machadinho
Cach.
Tambaqui
R. Negro
R. Madeira
Barras
R. Cotia
Assunção
Cach. Portugal
Cach.
do Oriente
R. Jaciparaná
180
Á. I.
Karipuna
R. Candeias
Cach. Seis
de Julho
R. Maçangana
Ariquemes
BR
364
R. Canaã
R. Pardo
169
215
R. Jaru
Á. I. Ribeirão
R. Ribeirão
Cach.
Criminosa
Seringal
S. Pedro
uena Vista
R. Beni
Cach.
da Laje
Cach.
do Iracaja
Cach.
Campo
Grande
Pombal
462
Seringal Jaboti
Jaru
Rondonia
Cachuela
Esperanza
Á. I. Ig. Lage
370
Serra dos Pacaás Novos
327
Ouro Preto
d'Oeste
Guayaramerin
Guajará-
Mirim
R. Ouro Preto
Á. I.
R. Negro Ocaia
R. Pacaás Novos
1005
Cajueiro
Miranle da Sura
Ser. Novo Acordo
R. Urupá
Cach. S. Roque
Riberalta
88
Emboscada
Faz.
S. Sebastião
R. Mamoré
Parque
Nacional
de Pacaás
Novos
Alvorada do
Oeste
60
S. Carlos
398
R. Cantario
R. Muqui
Emboscada
R. Yata
Á. I.
Pakaá-Nova
R. Novo
R. São João do Branco
Á. I.
Uru-Eu-Wau-Wau
Ig. Novo Mundo
Porto Rolha
180
P.N.
da Serra
da Cutia
Porto
Bicentenário
452
Tres
Mapejos
R. Ivon
R. Sotério
538
298
Nova
Brasilândia
R. Benicito
Á. I.
Rio Guaporé
278
BRASIL
R. Cautário
São Domingos
Ig. Flôres
R. São Miguel
Alejandria
R. Mamoré
R. Itenecito
Á. I.
Rio Branco
Majetú
Príncipe
da Beira
25
Costa
Marques
R. Branco
Bacabalzinho
R. B.
do Guaporé
R. São Simão ou Branco
Elisa
220
R. Yata
L.
Rogoaguado
Puerto Siles
R. Machupo
R. Blanco
R. Colorado
Pedras Negras
Lag.
Gisebra
R. Itonamas
Mategua
Rolim
de Moura
R. Mequens
R. Itenes o Guaporé
Exaltación
San Ramon
Magdalena
Orobayaya
R. San Simón
R. San Martin
R. San Joaquín
Baures
ada
Agustin
R. Omi
Palacios
Beni
Rogaguado
Santa Ana
L. de San Luis
El Carmen
Puerto
Saucedo
R. Ipurupuro
Nazareth
San Bartolo
R. Apere
R. Tijamuchi
San Nicolas
L. Huachi
Cach.
Chapacura
L.
Conceptión
Curiche
Liverpool
San Ramon
R. Matos
R. Chevejecure
San Javier
Trinidad
Casarabi
La Esperanza
La Escala
3
93
50
Perseverancia
Sachojere
Peroto
R. San Pablo
R. Blanco
La Cruz
R. Senero
R. Apere
Llanos de Mojos
550
197
R. Negro
R. Tijamuchi
San Francisco
Loreto
Camiaco
R. Ibare
Jerori
El Pocito
Pto. Calvimontes
R. Sécure
R. Mamoré
Uribicha
Embocada
Ascención
Llanos de Guarayos
9
R. Agua Caliente
El Aguila
R. Tayota
R. Ichoa
La Boca
Sécure
R. Grande o Guapay
R. Paila
2
Concepción
R. Isiboro
San Rafael
R. Chapare
120
El Puente
115
R. San Miguel
Yapacaní
720
R. Ichilo
Puerto Patiño
La Estrella
R. Chipiriri
San
Francisco
R. Yapacani
R. Piray
Monte Grande
145
Todos
Santos
San
Pedro
La Cruz
Villa Tunari
128
R. Chor
Rincon
de Palometas
57
Matacú

A
B
C
1
2
3
4
5
6
141
145
Puerto Siles
R. Machupo
Pedras Negras
R. Colorado
R. Mequens
Á. I.
Rio Mequens
Barranc
Mategua
R. Itenes o Guaporé
Rolim de Moura
R. Corumbiara Antigo
Santa Ros
San Ramon
Magdalena
Orobayaya
R. San Simón
R. San Martin
R. San Joaquin
R. Itonamas
Baures
Piso Firme
Pimen
Rogaguado
L. de San Luis
R. Ipurupuro
El Carmen
Puerto Saucedo
Puerto Leitón
R. San
R. Paraguá
R. Tijamuchi
San Nicolas
L. Huachi
Cach.
Chapacura
L. Conceptión
Curiche
Liverpool
San Ramon
La Esperanza
San Javier
Trinidad
Casarabi
Perseverancia
El Pensamiento
93
50
Sachojere
Peroto
R. San Pablo
R. Blanco
La Cruz
R. Negro
R. Paraiso
Llanos de Mojos
Loreto
550
Camiaco
R. Ibarej
Jerori
197
El Pocito
Uribicha
Pto. Calvimontes
La Junta
R. Sécure
R. Mamoré
Embocada
Ascención
R. Agua Caliente
El Aguila
Llanos de Guarayos
9
El Paraiso
La Boca
R. Chapare
R. Grande o Guapay
R. Paila
120
El Puente
178
115
Concepción
720
R. San Miguel
Yapacaní
R. Ichilo
La Estrella
Santa C
San Francisco
R. Yapacani
R. Palometillas
R. Piray
San Pedro
Monte Grande
La Cruz
BOLIVI
Matacú
Todos Santos
128
Cocha-bamba
Rincon de Palometas
57
R. Santa Bárba
7
R. Choro
Los Troncos
R. S. Miguel
YUNGAS
Rio Ichilo
Montero
Pto. Banegas
Curichi Tunas
Carrasco
R. Sacta
69
R. Osca
81
45
74
Cord. Oriental
Buena Vista
57
2
78
Tres Cruces
42
El Cerro
Epizana
Co. Bravo
3200
P.N. Amboro
La Belgica
614
Poso del Tigre
Pailon
131
51
99
Totora
Comarapa
357
R. de Pojo
SANTA CRUZ DE LA SIERRA
(437)
Mizque
R. Julpa
Saipina
54
52
Mairana
R. Piray
Llanos de
R. Quimome
Pampa Grande
2730
120
Aiquile
Samaipata
70
Pto. Izozog
R. Grande o Guapay
R. Mizque
54
Quiroga
Vallegrande
Ingenio Mora
Bañados de Izozog
Postrervalle
R. Pampas
148
R. Zudáñez
R. Tomina
359
58
Cabezas
P.N. Kaa -Iya de Gran Chaco
Cord. Central
183
R. Grande
Abapo
Yoseravi
65
SUCRE
Tarabuco
65
43
123
Izozog
El Espino
Padilla
R. Azero
Ipita
118
164
Agua Pasto
126
Cerro Capitán Ustares
500
Sopachuy
519
4095
R. Turuchipa
52
75
Lagunillas
Chuquisaca
R. Parapeti
91
Charagua
Copere
Monteagudo
Vaca Guzman
Choreti
P
Azurduy
85
R. Pilcomayo
Fortín Lagerenza
114
Padcaya
Fuerte
Q. de Cuevo
La. Trinidad

D
E
F
1
2
3
4
5
6
50 km
Chapada dos Parecis
Campos dos Parecis
Mato Grosso
BRASIL
Pantanal Matogrossense
Chiquitos
PARAGUAY
Á. I. Nambikwara
Á. I. Irantxe
Á. I. Tirecatinga
Á. I. Utiariti
Á. I. Vale do Guaporé
Á. I. Cap. Marcos
Á. I. Paresi
Á. I. Paresi do Rio Formoso
Á. I. Sarare
Á. I. Umutina
Colorado d'Oeste
Comodoro
Utiariti
Campo Novo do Parecis
Betânia
Uirapuru
Deciolândia
Faz. Itanorte
Parecis
Arenápolis
Tangará da Serra
Copacabana
Vila Bela da Sant. Trinidade
Pontes e Lacerda
Barra do Bugres
Simona
Jauru
Rio Branco
Porto Estrella
Araputanga
Mirassol d'Oeste
Porto Esperidião
Cáceres
Formiga
Dest. S. Simão
San Ignacio de Velasco
San Lorenzo
San Matías
San Rafael
Caucas
E.E. I. de Taiamã
Espinal
Carvoal
Ret. S. Benedito
Las Conchas
Pôrto Alegre
San José de Chiquitos
Puerto Quijarro
Santo Corazón
Amolar
San Juan
Santiago
S. Francisco
Santa Ana
Potrero Quemado
Puerto Suarez
Ladário
Corumbá
Mo. do Urucum
Tarumã
Nhecolândia
Fortín Ravelo
Co. S. Miguel
Cerro Chovoreca
P.N. Cerro Chovoreca
Fortín Tte. Américo Picco
Mo. Grande
Capitán Pablo Lagerenza
Pto. Busch
P.N. Defensores del Chaco
Co. León
Puerto Bahia Negra
R.I. Kadiwén
Esperança
P.N. Noel Kempff Mercado
P.N. Otuquis
P.N. de Pantanal Matogrossense
E.E. da Serra das Araras
Serra de Santa Bárbara
Serra do Aguapei
Serra das Araras
Antiga Lagoa da Rabeca
L. Baia Grande
L. Ponte Ribeiro
L. Uberaba
L. Gaiba
L. Mandioré
L. de los Vitiones
Bañados de Otuquis
Corr. das Cruzes
Corr. do Tucum
R. Guaporé
R. Galera
R. Sarare
R. Juruena
R. Jauru
R. Cabacal
R. Sepotuba
R. Paraguai
R. Aguapaí
R. Alegre
R. Barbado
R. Cassange
R. Bento Gomes
R. S. Lourenço
R. Taquari
R. Otuquis
R. Verde
R. Negro
R. Nabileque
R. Tucavaca
R. S. Rafael
R. S. Miguel
R. S. Fernando
R. La Cal
R. Candelaria
R. Las Petas
R. Cusis
R. Timane
R. Lateriquique
Curichi de Oquiriquia
Corixa Grande
BR 364
BR 070
BR 262
MT 246
648
407
1995
1150
1555
1067
397
780
740
790
669
641
567
515
478

140
144
A
B
C
1
2
3
4
5
6
JULIACA
Deustua
Coata
Capachica
Paucarcolla
Mañazo
Tiquillaca
PUNO
I. Taquili
I. Soto
Pto. Acosta
L. Titicaca
Pto. Carabuco
Quiabaya
Sorata
Nev. Illampu
Nev. Ancohuma
Chacopaya
La Paz
Copacabana
Pen. de Copacabana
Pen. de Huata
Achacachi
Huarina
Nev. Huayna Potosi
Yunguyo
L. Huiñaimarca
Golfo de Taraca
Tiahuanaco
Tiahua-naco
LA PAZ
EL ALTO
Laja
Viacha
Guaqui
Tapena
Zepita
Huacullani
Juli
Ilave
San Antonio de Esquilache
L. Jucumarini
Sorapa
Nev. Huayasa
Mazo-Cruz
Pisacoma
Santiago de Machaca
Achiri
General Camacho
Calacoto
Corocoro
Patacamaya
Calamarca
Cord. Real
Snia. de Sicasica
Caranavi
San Miguel de Huachi
Suapi
Coroico
Irupana
P.N. Cotapata
Nev. del Illimani
Cajuata
Inquisivi
Aracu
Luribay
Escola
Independencia
Puchini
Colquiri
Chijmuni
Umala
COCHABAMBA
Quillacollo
Chacala
Co. Huaillas
Carracollo
Paria
ORURO
Kalakala
Co. Morococala
Toledo
Machacamarca
Huanuni
Poopó
Llallagua
Cord. de Azanaques
L. de Poopó
Challapata
Co. Azanaques
R. Tolapalca
Pocoata
Bolivar
Sacaca
Tacalaya
Taruca
Candarave
L. Aricota
Curibaya
Estique
Tarata
Vn. Tacora
Co. Cirque
Inoca
Visviri
R. Mauri
Ulloma
Pto. Japones
S. Pedro de Curahuara
R. Desaguadero
Okoruro
Cosapilla
Pachia
TACNA
Nev. de Putre
Caquena
L. Chungará
Sajama
Nev. de Sajama
P.N. Sajama
Curahuara de Carangas
Totora
Cosapa
Turco
Corque
Ilospicia
Putre
Chungara
Vn. Guallatiri
P.N. Lauca
Arica
Belén
Res. Nac. Las Vicuñas
Guallatiri
Timalchara
Co. P. Negro
Macoya
Jaruma
Sacabaya
R. Sajama
R. Turco
Oruro
Caleta Vitor
Codpa
Salar de Surire
Co. Lliscaya
Huachacalla
Escara
Andamarca
Orinoca
Pta. Lobos
Esquina
E. de Caritaya
Aduana y Retén de Cuya
Palca
Sabaya
Pisiga Bolivar
L. de Coipasa
R. Lacajahuira
Pampa Aullagas
Co. Atajaña
Pta. Gorda
Camiña
Volcán Isluga
Colchane
Co. Coipasa
Salar de Coipasa
Meteorite Craters
Tambo Tambillo
Sevaruyo
Río Mulatos
Cariquima
Co. Tatajachura
Calatambo
Salinas de Garci Mendoza
Pisagua
Pta. Pichalo
Junin
Zapiga
Aroma
Chusmisa
Cancosa
Co. Tunapa
Coscaya
Llica
Co. Constancia
Tarapacá
Huara
Collacagua
Co. Yarvicoya
Co. Caltama
Salar de Uyuni
Mamiña
IQUIQUE
Oficina Humberstone
Pozo Almonte
Salar de Huasco
Salar de Empexa
Bahía Chiquinata
Pta. Gruesa
Co. Oyarbide
La Tirana
Pica
Co. Huanchaca
Gran Pampa Salada
Uyuni
Ubina
Ticatica
Salar de Pintados
Matilla
Co. Coposa
Co. Copa
Co. Caltama
Villa Martin
Río Grande
Pintados
Sal. de Bella Vista
Chanabayita Of.
Victoria
Salar Sur Viejo
Q. de Chacarilla
Cana
San Pedro de Quemes
San Juán
Julaca
Potosí
Co. Tazna
Pta. Patache
Playa El Aguila
Pta. Lobos
Lagunas
Escalerilla
Q. de Guatacondo
Guatacondo
Salar del Laguani
Chiguana
Atocha
Gran Pampa Pelada
Salar Grande
Ramadillas
Q. de Mani
Co. Auçan
Ollagüe
Vn. Ollagüe
S. Cristóbal
S. Vicente
Salar de Llamara
Q. de Sipuca
R. Loa
Pampa del Tamarugal
Alota
R. Aloro
Caleta Loa
Q. Tambillo
Salar de Ascotán
CHILE
Cta. Pta. Arenas
Pta. Arenas
Quillagua
Q. de Arcas
Lequena
Pampa del Arestruz
Po. Ascotan
Jardin
Ascotán
R. Grande de Lípez
S. Pablo
Cord. de Lípez
Cabo Paquica
Co. Tolar
Sra. de Moreno
Co. Pajonal
Vn. S. Pedro
Co. del Inca
Co. Nuevo Mundo
Co. Soniquera
S. Antonio de Esmoruco
Toco
Q. Chugchug
Conchi
San Pedro
P.N. Santuario de Aves
Lag. Colorada
R. San Antonio
Tocopilla
Cs. de Chugchug
Línzor
Lag. Colorada
Co. Vizcachillas
Lag. Coruto
R. Queñoal
Chuquicamata
Caspana
María Elena
Co. Colupo
Chiu Chiu
Géiser El Tatio
Cs. de Tocopuri
Co. Bravo
Co. Granada II
CALAMA
Pedro de Valdivia
Tuina
Pta. Cobija
Cerrillos
Guatín
Vn. Licancabur
Rosario
Co. Coyaguaima
Michilla
Carolina
Sierra Gorda
Q. de los Arrieros
Llano Mellizos del Quimal
San Pedro de Atacama
Paririque Grande
Bahía Mejillones
Rencoret
Caruma
Sra. Cavalonga

D
E
F
50 km
141
1
2
3
4
5
6
Embocada
Llanos de Guarayos
El Aguila
R. Agua Caliente
R. Tayota
R. Ichoa
Sécure
La Boca
R. Mamoré
R. Grande o Guapay
R. Paila
El Puente
Concepción
R. San Miguel
San Rafael
R. Chapare
R. Isiboro
Yapacaní
La Estrella
Puerto Patiño
R. Chipiriri
R. Ichilo
San Francisco
Santa Cruz
Monte Grande
La Cruz
Todos Santos
Cocha-
R. Yapacani
R. Palometillas
R. Piray
San Pedro
Matacú
Villa Tunari
R. Choro
Rincon de Palometas
Los Troncos
bamba
El Juno
P.N. Carrasco
Rio Ichilo
Montero
Pto. Banegas
5070
Cordillera Oriental
Buena Vista
Tres Cruces
Arani
Punata
Epizana
Co. Bravo
3200
P.N. Amboro
La Belgica
Pailon
Poso del Tigre
Totora
R. Mizque
Mizque
R. de Pojo
Comarapa
SANTA CRUZ DE LA SIERRA
(437)
Acasio
P.N. Toro Toro
R. Julpa
Saipina
Mairana
S. Pedro de Buena Vista
Aiquile
Pampa Grande
2730
Samaipata
Pto. Izozog
R. San Pedro
R. Caine
Quiroga
R. Mizque
Vallegrande
Ingenio Mora
R. Grande o Guapay
R. Chayanta
Postrervalle
R. Pampas
Colquechaca
Ocuri
R. Zudáñez
R. Tomina
Cabezas
P.N. Kaa Iya de Gran Chaco
SUCRE
(2790)
Abapo
Yoseravi
Tinguipaya
Cordillera Central
Tarabuco
R. Grande
Izozog
R. Pilcomayo
Padilla
El Espino
Ipita
R. Azero
POTOSI
(4070)
Betanzos
4095
Sopachuy
4862
R. Turuchipa
Lagunillas
R. Parapeti
Villa Talavera
Charagua
Copere
Cucho Ingenio
Monteagudo
Vaca Guzman
R. S. Juan
Choreti
Azurduy
R. Parapeti
R. Yura
Padcaya
R. Pilcomayo
Q. de Cuevo
General Eugenio a Garay
Fuerte
Boyuibe
Rosario del Ingre
Cuevo
Chuquisaca
Huacaya
R. Blanca
Fortín Nueva Asunción
Chillajara
Cota-gaita
Culpina
R. Huacaya
Chorolque
5614
Villa Abecia
Camaron
R. Pilaya
Timboy
Taraire
1551
Capirenda
(2800)
Apacheta Cruz Grande
El Puente
Villamontes
Sñia. de Ibobobo
R. Salinas
Abra la Cruz Chica
(2660)
Cord. de Mochara
Cord. de Suaruru
Iryguarenda
Tupiza
R. San Juan
Iscayachi
Palos Blancos
R. Pilcomayo
4300
Co. Quenco
Tarija
Entre Ríos
Ibibobo
Dorado
R. Tupiza
R. Talina
Tarija
Salinas
Fn. Infante Rivarola
R. Sochora
Padcaya
R. Tarija
Sñia. de Caiza
Yacuiba
Villazon
4221
Cieneguillas
La Quiaca
Yavi
Abra de Lizoite
Sta. Victoria
Mezón
Sra. de S.Tempo
R. Itaú
R. Grande de Tarija
Sta. Maria
1362
Aguaray
Fn. Pozo Hondo
Sta. Victoria
R. Santa Victoria
5009
R. Lipeo
Cañada de Media Luna
Tonono
Arr. Acambuco
Arr. Ittiyuro
Tartagal
ARGENTINA
Dr. Pedro P. Peña
P.N. Baritu
Limal
Grl. Mosconi
Abra Pampa
R. Pescado
R. Tartagal
Aguas Blancas
Rio Seco
Alto de la Sierra
Co. Morado
5130
R. Iruya
Sra.
R. Cañas
San Ramón de la Nueva Oran
R. Muerto
R. Pilcomayo
PARAGUAY
357
359
340
164
519
230
136
211
116
826

KARTENLEGENDE

Autobahn, mehrspurige Straße - in Bau Highway, multilane divided road - under construction		Auto-estrada, estrada com quatro ou mais faixas - em construção Autopista, carretera de más carriles - en construcción
Fernverkehrsstraße - in Bau Trunk road - under construction		Ruta de longa distância - em construção Ruta de larga distancia - en construcción
Hauptstraße Principal highway		Estrada regional Carretera principal
Nebenstraße Secondary road		Estrada secundária Carretera secundaria
Fahrweg, Piste Practicable road, track		Calçada, pista Camino vecinal, pista
Straßennummerierung Road numbering	13 BR 230 1	Numeração de estradas Numeración de carreteras
Entfernungen in Kilometer Distances in kilometers	259 130 129	Quilometragem Distancias en kilómetros
Höhe in Meter - Pass Height in meters - Pass	1365	Alture em metros - Desfiladeiro Altura en metros - Puerto de montaña
Eisenbahn - Eisenbahnfähre Railway - Railway ferry		Caminho-de-ferro - Comboios Ferrocarril - Transbordador para ferrocarriles
Autofähre - Schifffahrtslinie Car ferry - Shipping route		Batelões para automóveis - Linha de navegação Transbordador de automóviles - Ruta marítima
Wichtiger internationaler Flughafen - Flughafen Major international airport - Airport		Aeroporto importante internacional - Aeroporto Aeropuerto importante internacional - Aeropuerto
Internationale Grenze - Provinzgrenze International boundary - Province boundary		Fronteira nacional - Fronteira provincial Frontera nacional - Frontera provincial
Unbestimmte Grenze Undefined boundary		Fronteira incerta Frontera indeterminada
Zeitzonengrenze Time zone boundary	-4h Greenwich Time -3h Greenwich Time	Limite de fuso horário Límite del huso horario
Hauptstadt eines souveränen Staates National capital	BOGOTÁ	Capital de país soberano Capital de un estado soberano
Hauptstadt eines Bundesstaates Federal capital	Boa Vista	Capital de estado Capital de estado
Sperrgebiet Restricted area		Área proibida Zona prohibida
Nationalpark National park		Parque nacional Parque nacional
Antikes Baudenkmal Ancient monument		Construção da antiguidade Yacimiento arqueológico
Sehenswertes Kulturdenkmal Interesting cultural monument	*Uxmal*	Monumento cultural de interesse Monumento cultural de interés
Sehenswertes Naturdenkmal Interesting natural monument	*Agua Azul Cascades*	Monumento natural de interesse Monumento natural de interés
Brunnen Well		Poço Pozo
Ausflüge & Touren Excursions & tours		Excursões & voltas Excursiones & rutas

FÜR IHRE NÄCHSTE REISE

gibt es folgende MARCO POLO Titel:

DEUTSCHLAND
Allgäu
Amrum/Föhr
Bayerischer Wald
Berlin
Bodensee
Chiemgau/Berchtesgadener Land
Dresden/Sächsische Schweiz
Düsseldorf
Eifel
Erzgebirge/Vogtland
Franken
Frankfurt
Hamburg
Harz
Heidelberg
Köln
Lausitz/Spreewald/Zittauer Gebirge
Leipzig
Lüneburger Heide/Wendland
Mark Brandenburg
Mecklenburgische Seenplatte
Mosel
München
Nordseeküste Schleswig-Holstein
Oberbayern
Ostfriesische Inseln
Ostfriesland/Nordseeküste Niedersachsen/Helgoland
Ostseeküste Mecklenburg-Vorpommern
Ostseeküste Schleswig-Holstein
Pfalz
Potsdam
Rheingau/Wiesbaden
Rügen/Hiddensee/Stralsund
Ruhrgebiet
Sauerland
Schwäbische Alb
Schwarzwald
Stuttgart
Sylt
Thüringen
Usedom
Weimar

ÖSTERREICH | SCHWEIZ
Berner Oberland/Bern
Kärnten
Österreich
Salzburger Land
Schweiz
Steiermark
Tessin
Tirol
Wien
Zürich

FRANKREICH
Bretagne
Burgund
Côte d'Azur/Monaco
Elsass
Frankreich
Französische Atlantikküste
Korsika
Languedoc-Roussillon
Loire-Tal
Nizza/Antibes/Cannes/Monaco
Normandie
Paris
Provence

ITALIEN | MALTA
Apulien
Capri
Dolomiten
Elba/Toskanischer Archipel
Emilia-Romagna
Florenz
Gardasee
Golf von Neapel
Ischia
Italien
Italienische Adria
Italien Nord
Italien Süd
Kalabrien
Ligurien/Cinque Terre
Mailand/Lombardei
Malta/Gozo
Oberital. Seen
Piemont/Turin
Rom
Sardinien
Sizilien/Liparische Inseln
Südtirol
Toskana
Umbrien
Venedig
Venetien/Friaul

SPANIEN | PORTUGAL
Algarve
Andalusien
Barcelona
Baskenland/Bilbao
Costa Blanca
Costa Brava
Costa del Sol/Granada
Fuerteventura
Gran Canaria
Ibiza/Formentera
Jakobsweg/Spanien
La Gomera/El Hierro
Lanzarote
La Palma
Lissabon
Madeira
Madrid
Mallorca
Menorca
Portugal
Sevilla
Spanien
Teneriffa

NORDEUROPA
Bornholm
Dänemark
Finnland
Island
Kopenhagen
Norwegen
Oslo
Schweden
Stockholm
Südschweden

WESTEUROPA | BENELUX
Amsterdam
Brüssel
Dublin
Edinburgh
England
Flandern
Irland
Kanalinseln
London
Luxemburg
Niederlande
Niederländische Küste
Schottland
Südengland

OSTEUROPA
Baltikum
Budapest
Danzig
Estland
Kaliningrader Gebiet
Krakau
Lettland
Litauen/Kurische Nehrung
Masurische Seen
Moskau
Plattensee
Polen
Polnische Ostseeküste/Danzig
Prag
Riesengebirge
Russland
Slowakei
St. Petersburg
Tallinn
Tschechien
Ukraine
Ungarn
Warschau

SÜDOSTEUROPA
Bulgarien
Bulgarische Schwarzmeerküste
Kroatische Küste/Dalmatien
Kroatische Küste/Istrien/Kvarner
Montenegro
Rumänien
Slowenien

GRIECHENLAND | TÜRKEI | ZYPERN
Athen
Chalkidiki
Griechenland Festland
Griechische Inseln/Ägäis
Istanbul
Korfu
Kos
Kreta
Peloponnes
Rhodos
Samos
Santorin
Türkei
Türkische Südküste
Türkische Westküste
Zakinthos
Zypern

NORDAMERIKA
Alaska
Chicago und die Großen Seen
Florida
Hawaii
Kalifornien
Kanada
Kanada Ost
Kanada West
Las Vegas
Los Angeles
New York
San Francisco
USA
USA Neuengland/Long Island
USA Ost
USA Südstaaten/New Orleans
USA Südwest
USA West
Washington D.C.

MITTEL- UND SÜDAMERIKA
Argentinien
Brasilien
Chile
Costa Rica
Dominikanische Republik
Jamaika
Karibik/Große Antillen
Karibik/Kleine Antillen
Kuba
Mexiko
Peru/Bolivien
Venezuela
Yucatán

AFRIKA | VORDERER ORIENT
Ägypten
Djerba/Südtunesien
Dubai
Israel
Jordanien
Kapstadt/Wine Lands/Garden Route
Kapverdische Inseln
Kenia
Marokko
Namibia
Qatar/Bahrain/Kuwait
Rotes Meer/Sinai
Südafrika
Tansania/Sansibar
Tunesien
Vereinigte Arabische Emirate

ASIEN
Bali/Lombok
Bangkok
China
Hongkong/Macau
Indien
Indien/Der Süden
Japan
Kambodscha
Ko Samui/Ko Phangan
Krabi/Ko Phi Phi/Ko Lanta
Malaysia
Nepal
Peking
Philippinen
Phuket
Rajasthan
Shanghai
Singapur
Sri Lanka
Thailand
Tokio
Vietnam

INDISCHER OZEAN | PAZIFIK
Australien
Malediven
Mauritius
Neuseeland
Seychellen
Südsee

REGISTER

In diesem Register sind alle in diesem Band erwähnten Orte und Ausflugsziele (P. N. = Parque Nacional) sowie wichtige Stichworte und Namen verzeichnet. Halbfette Seitenzahlen verweisen auf den Haupteintrag, kursive auf ein Foto.

> SCHREIBEN SIE UNS!

Liebe Leserin, lieber Leser,

wir setzen alles daran, Ihnen möglichst aktuelle Informationen mit auf die Reise zu geben. Dennoch schleichen sich manchmal Fehler ein – trotz gründlicher Recherche unserer Autoren/innen. Sie haben sicherlich Verständnis, dass der Verlag dafür keine Haftung übernehmen kann.

Wir freuen uns aber, wenn Sie uns schreiben.

Senden Sie Ihre Post an die MARCO POLO Redaktion, MAIRDUMONT, Postfach 31 51, 73751 Ostfildern, info@marcopolo.de

IMPRESSUM

Titelbild: Titicacasee, Frau im Schilfboot (Getty Images/Photographer's Choice: Gavin Hellier)
Fotos: ARTCO Art Gallery (15 M.); Bike Tours of Lima: Fiorella Vega (113 o.l.); © fotolia.com: Nick Freund (112 u.r.); J. Frangenberg (2 l., 3 l., 18, 48, 75); G. Froese (150); P. Gebhard (Klappe Mitte, 3 M., 11, 23, 51, 52, 69, 107, 116, 119); Getty Images/Photographer's Choice: Gavin Hellier (1); A. M. Gross (4 r., 24/25, 58, 79); HB Verlag: González (2 r., 3 r., 22/23, 28/29, 39, 41, 42/43, 44, 54, 59, 86, 108/109); Huber: Damm (6/7, 16/17, 62, 130/131), Orient (84/85); Inkaterra (14 u.); © iStockphoto.com: Byron Carlson (112 M.l.), Lise Gagne (113 u.r.), Iunanaranja (112 o.l.), Kristen Johansen (113 M.l.), Carmen Martínez Banús (15 o.), Vladimir Melnik (112 M.r.), Juan Monino (13 o.), Dennis Sabo (12 u.), Vasiliki Varvaki (15 u.); G. Jung (60/61, 118/119); C. Lachenmaier (Klappe links, 4 l., 8/9, 28, 92, 99); Laif: Gebhard (90/91), Gonzáles (29, 56, 70, 114/115), Michel Martin (96/97), Raach (30/31, 34, 46, 80/81, 89), Tophoven (20, 73, 104); La Sarita (13 u.); Mauritius: Foodpix (26); Cinthya Méndez Pajuelo und Carlos Saravia Calderon (12 o.); Miraflores Park Hotel (113 M.r.); Mundo Azul: Stefan Austermühle (14 o.); Orient Photo (Klappe rechts, 27); M. Strobel (64, 77); Vision 21 (5, 22, 32, 37, 66, 82, 101, 118); White Star: Luther (102, 110)

6, aktualisierte Auflage 2011

Chefredaktion: Michaela Lienemann, Marion Zorn; Autorin: Gesine Froese; Redaktion: Jochen Schürmann; Programmbetreuung: Jens Bey, Silwen Randebrock; Bildredaktion: Gabriele Forst
Szene/24h: wunder media, München; Kartografie Reiseatlas: © MAIRDUMONT, Ostfildern
Innengestaltung: Zum goldenen Hirschen, Hamburg; Titel/S. 1–3: Factor Product, München
Sprachführer: in Zusammenarbeit mit Ernst Klett Sprachen GmbH, Stuttgart, Redaktion PONS Wörterbücher

Printed in Hungary. Gedruckt auf 100% chlorfrei gebleichtem Papier

> UNSERE AUTORIN

MARCO POLO Insiderin Gesine Froese im Interview

Gesine Froese hat sich als Journalistin und Autorin auf das Thema Lateinamerika spezialisiert

Was reizt Sie an Peru und Bolivien?

Ich liebe das Gewaltige der Natur in diesen Ländern. Allein der Titicacasee ist ja wie ein Urmeer in einer Mondlandschaft, einfach grandios! Vor allem aber: Man kann tief in anderswo längst verlorene Kulturen eintauchen, die der verschiedenen Ureinwohner. Und zwar mehr denn je.

Und was mögen Sie hier nicht so?

Die immer wieder schockierende Armut, vor allem auf dem Land. Man fühlt sich hilflos, weil man weiß, dass diese Länder noch einen langen Weg vor sich haben, wenn sie das ändern wollen.

Sprechen Sie Spanisch?

Mit der Sprache bin ich gut vertraut, seit ich vier Jahre lang in Kolumbien gelebt und dort ein Korrespondentenbüro betrieben habe.

Kommen Sie viel in Peru und Bolivien herum?

Anfangs war ich praktisch überall, aber inzwischen habe ich ein dichtes Netz an Kontakten, sodass mir keine Neuigkeit entgeht. Trotzdem nehme ich jede Gelegenheit wahr, selbst vor Ort zu recherchieren.

Was genau machen Sie beruflich?

Von Haus aus bin ich Redakteurin, habe aber 1992 den Schritt in die Selbstständigkeit gewagt und zwar mit dem Spezialgebiet Karibik und Lateinamerika. Seitdem schreibe ich über Ziele und Länder dieser Region für die verschiedensten Verlage, Zeitungen und Magazine als freie Autorin.

Was prädestiniert Sie als MARCO POLO Autorin?

Neugierde und Reiselust, und nicht zuletzt wohl auch die über die Jahre erworbene Fähigkeit, zu erzählen und zu schreiben.

Was tun Sie in Ihrer Freizeit?

Wie bei vielen Selbstständigen ist meine Arbeit auch mein Hobby, z. B. flöhe ich Gedrucktes fürs Archiv durch oder nehme TV-Sendungen zu meinem Spezialgebiet auf. Außerdem betreibe ich mit Kollegen das Internetportal *www.CariLat.de*.

Mögen Sie die Küche der Andenländer?

Ja, den herben Duft des Cilantro-Krauts in Suppen oder in der cremigen Guacamole aus Avocados. Mein Lieblingsessen aber stammt von Pazifikküste: *Chupe de Camarones* – eine mit Milch verfeinerte Suppe mit Shrimps – einfach köstlich!

> BLOSS NICHT!

Ein paar Tipps für einen unbeschwerten Urlaub

Zu viel vornehmen

Riesige Entfernungen, extreme Höhen, Sehenswürdigkeiten in Hülle und Fülle, die zu Fuß über enge und steile Gassen erobert sein wollen, oder stundenlange Anfahrten auf einspurigen Serpentinen über Schwindel erregenden Abgründen: Für Peru und Bolivien braucht man eine gute Kondition – selbst, wenn man pauschal reist, und ganz besonders, wer auf eigene Faust unterwegs ist. Also: Sie sollten sich entweder weniger vornehmen oder mehr Zeit lassen.

Zu viel Gepäck mitnehmen

Raus aus dem Flugzeug, dem Bus oder dem Zug und rein ins Hotel – dieses Spiel wird sich mindestens ein dutzendmal wiederholen. Wer will sich da mit gigantischen Überseekoffern beschweren? Paarweise das Nötigste gepackt, das reicht völlig aus – zumal Sie Ihre Sachen fast überall vom Zimmermädchen oder dem Reinigungsservice des Hotels über Nacht waschen lassen können. Wollsachen wie Pullover kauft man ohnehin besser vor Ort.

Die Geduld verlieren

Es kann der Strom ausfallen, das Flugzeug Verspätung haben, der Bus auf der Strecke liegen bleiben, eine Straße gesperrt sein, ein orientierungsloser Taxifahrer am Steuer sitzen oder das Museum zu den offiziellen Öffnungszeiten geschlossen sein. Empörung oder gar Beschimpfungen des Personals helfen da nicht weiter – Geduld, Improvisation und Flexibilität sind gefragt.

Drogen nehmen

In Peru und Bolivien kennt man kein Pardon beim Konsum von Kokain oder Marihuana. Die Gefängnisse sind unbequem, und den Botschaften sind die Hände gebunden. Mehr als die Angehörigen daheim zu informieren können sie kaum tun. Lehnen sie grundsätzlich das Mitnehmen von Briefen oder Päckchen ab, deren Inhalt Sie nicht kennen.

In dunklen Gassen spazieren gehen

Wenn Einheimische Ihnen von einem Besuch bestimmter Viertel in den Städten oder touristischen Gebieten abraten, hören Sie auf sie. Tagsüber arbeiten die Diebe oft im Team (einer lenkt ab, der andere klaut). Nachts sollten Sie sich besonders vor Betrunkenen in Acht nehmen. Dann heißt es: Ruhe bewahren, um die Situation zu entschärfen.

In die Geldkartenfalle tappen

Die Alarmglocken sollten läuten, wenn man von einem „Touristen" angesprochen wird: Er könnte ein Betrüger sein und Komplizen haben. Lassen Sie sich nichts aufquatschen, schon gar nicht eine günstige Taxifahrt zu zweit – sie könnte zum nächsten Bankautomaten führen, wo man Sie dann zwingt, Geld abzuheben. Die Betrüger gehen geschickt und brutal vor; darum unbedingt gleich alle Anmachversuche abblocken!